知識ゼロからの
小さな会社の始め方

A Beginner's Guide to Beginning of Small Company

税理士法人 アディーレ会計事務所
弁護士法人 アディーレ法律事務所

幻冬舎

はじめに

あたためてきた事業をスタートさせたい、近々会社をつくりたい、また は、個人で行ってきた事業の「法人成り」(会社への移行)を考えている。 そんな人に向けて、会社を設立し運営していく流れと、押さえておきたい ポイントを、漫画を交えてわかりやすく1冊にまとめました。

会社を始めるうえで、まず取り掛かりたいのは「計画立案」。第1章の 「経営計画編」、第2章の「資金計画編」を相互に読みつつ、実際に計画を 書き出してみてください。第3章「設立手続き、届出編」では、会社の設 立手順を流れに沿って紹介しています。第4章「設立当初にやること編」、第5章「経営マネジメント編」では経理をはじめ経営者が 押さえておきたいお金にまつわるポイントを解説しています。より詳しい 情報を知りたい人は、要所ごとに紹介しているURLもご参照ください。

本書が、新たに会社を始めようとしている皆さんにとって、最初のステ ップとなればうれしく思います。

税理士法人　アディーレ会計事務所
弁護士法人　アディーレ法律事務所

目次

はじめに……1

第1章 創業前にチェック！ ベストな計画を練り上げる ――経営計画編

《漫画》 創業はカンタン。でも、経営はムズカシイ……8

【会社VS個人事業】起業するなら、個人と法人どっちがいい？……12

【会社の種類】株式会社と合同会社ならどっち？……14

【法人成り】個人事業から会社に移行することも……16

【事業計画を立てる】頭の中を整理して創業への道しるべに……18

書類に注目！ 事業計画書

【事業コンセプト】「誰に、何を、どのように」計画の"核"を決める……20

【市場・競合調査】ライバルは？ 事業の強みを見極める……22

【キャリア分析】自分の強みと課題を洗い出す……24

【許認可】事業を始めるための条件を調べる……26

【開業場所】オフィス・店舗の目処をつける……28

【備品の計画】「いま」「本当に」必要なものに絞る……30

【開業時期】いつまでに、何をするかスケジュールを立てる……32

【疑問や不安を解決！】ケーススタディ ――経営計画編

Case_01 未経験の業種で会社を始めたい。うまくいくかな？……34

Case_02 事業の立ち上げにあたり、何人雇うか悩んでいます……36

Case_03 会社を始めて失敗したら、一文無しになってしまう？……38

第2章 いつ、いくら必要？ 現実的なマネープランを立てる ―― 資金計画編

《漫画》 貯金がないなら、借りればいい？ …… 40

【マネープラン】 事業の計画をお金に落とし込む …… 42

【売上予測】 どれくらいの売上になるか、予測する …… 44

【支出予測】 どれくらいのお金がかかるのか知っておく …… 46

書類に注目！ 損益計画表　1年間の利益などを把握できるようにする …… 48

書類に注目！ 資金計画表　事業が軌道に乗るまでにいくら必要か計算する …… 50

【資金調達1】 自己資金だけで足りないときは？ …… 52

【資金調達2】 融資を受けるにはどうしたらいい？ …… 56

疑問や不安を解決！ ケーススタディ ―― 資金計画編

- Case_01　借金を抱えることに抵抗があります …… 58
- Case_02　親からもらったお金は自己資金になるの？ …… 59
- Case_03　お金がなくても出資できる、資本金額を増やせると聞きました。本当？ …… 60
- Case_04　自己資金、経験、計画が揃えば、必ず融資を受けられますか？ …… 61
- Case_05　商品の販売価格はどうやって決めるといいの？ …… 62

第3章 設立登記を申請。完了したら届出をする ―― 設立手続き、届出編

《漫画》 安易に決めると後悔する……かも …… 64

【設立登記の流れ】 会社が誕生するまでの手順を知っておく …… 66

【基本事項の決定】 手続きを始める前によく考えて決めておく …… 68

第4章 スムーズな会社運営のコツを知る　設立当初にやること編

① 会社名（商号） ……… 69
② 本店所在地 ……… 70
③ 会社の目的（事業目的） ……… 72
④ 役員、機関設計 ……… 73
⑤ 資本金額 ……… 74
⑥ 決算期（事業年度） ……… 76

【印鑑】手続きや設立時に必要。用途ごとに使い分ける ……… 78
【定款の作成・認証】会社の「憲法」をつくり「認証」を受ける ……… 80
【出資金の流れ】個人口座へ払い込み、設立後は法人口座へ ……… 82
【登記の申請・完了】登記が完了したら各種証明書を取得する ……… 84
【登記後の手続き】役所へ届出を行い、会社設立を報告する ……… 86
　税金に関する手続き ……… 87
　社会保険に関する手続き ……… 88
　労働保険に関する手続き ……… 89

【疑問や不安を解決！】ケーススタディ──設立手続き、届出編
　Case_01　似た名前の社名がないか、どうやって調べたらいいですか？ ……… 90
　Case_02　会社のメインバンクはどうやって選べばいいの？ ……… 91
　Case_03　事務所を移転することになりました。どんな手続きが必要ですか？ ……… 92

《漫画》オレがルール！は世の中に通用しない ……… 94
【運営のルール】営業上のルールや働き方のルールを決める ……… 96

『知識ゼロからの小さな会社の始め方』

第5章 経営者の金銭感覚を身につける 経営マネジメント編

《漫画》 会社の経営と経理は切り離せない ……… 120

【お金の管理】会社のお金と個人のお金は区別する …… 122

【帳簿】お金（財産）の出入りを記録して、整理する …… 124

【売上と仕入の管理】入金、支払いが済むまで目を光らせる …… 126

【経費1】どんどん使う？ 抑える？ 得するのはどっち？ …… 128

【経費2】会社設立前に使った費用も経費にできる …… 130

【決算書の見方】会社の経営状況を「決算書」で把握する …… 132

【疑問や不安を解決！】ケーススタディ ―― 開業準備編

Case_01 社長の給与はどう決める？ 金額はいくらでもいい？ …… 114

Case_02 従業員を雇ったら、どんな手続きが必要ですか？ …… 115

Case_03 取引書類が増える一方です。管理のコツを教えてください …… 116

Case_04 お店のBGMとしてCDを流したいけれど、勝手に流すのは違法だと聞きました …… 117

Case_05 もしものことが起こったときへの備えにはどんなものがありますか？ …… 118

【従業員を雇う】必要な人材像と労働条件を決める …… 112

【法律の基本】事業に応じた法律知識で「ついうっかり」を防ぐ …… 110

【書類に注目！】契約書 お互いに守るべき約束事を取り交わす …… 106

【書類に注目！】領収書 代金を支払ったことを証明する …… 104

【書類に注目！】請求書 請求金額を明記して代金の支払いを依頼する …… 102

【取引書類】取引内容を記録。一定期間は適切に保管する …… 100

【開業準備】オープンに向けて同時並行で準備を進める …… 98

『知識ゼロからの小さな会社の始め方』　目次

【月次決算】経営や財務の状態を月に一度、確認する……134
【書類に注目！】損益計算書　1年間のもうけは？　経営成績がわかる……136
【書類に注目！】貸借対照表　決算時点に会社がもつ財産状況がわかる……138
【損益分岐点】採算がとれる売上高を知っておく……140
【資金繰り1】売上は増えたのにお金が足りない!?……142
【資金繰り2】キャッシュを意識して資金不足を防ぐ……144
【資金繰りに注目！】資金繰り表　現金の出入りと残高の推移を明らかに……146
【税金の知識1】会社が納める税金を知っておく……148
【税金の知識2】1年間の税金スケジュール表……152
【疑問や不安を解決！】ケーススタディ ──経営マネジメント編
　Case 01　消費税の課税事業者になったほうが得する人もいると聞いたけど……154
　Case 02　売掛金をなかなか回収できないときはどうしたらいい？……156
　Case 03　税務調査が入ることになりました。何を調べられるのか怖いです……157
《漫画》困ったときは専門家の手を借りて……158

参考資料……158

本書で紹介した制度、税率などの情報は2017年1月現在のものです。

第1章

創業前にチェック！ベストな計画を練り上げる

経営計画編

会社を立ち上げようと思ったら、最初に行うのは「計画立案」。頭の中が整理され問題点や改善点、やるべきことが見えてきます

創業はカンタン。でも、経営はムズカシイ

会社VS個人事業
起業するなら、個人と法人どっちがいい？

個人と法人で迷う人は下の判断基準をチェック。左の表と合わせて検討しましょう

判定基準

☐ **取引先が法人としか取引しない**
➡ **法人**にする

上場企業などでは、取引相手を法人に限定している会社が多い。

☐ **出資や融資を受けたい**
➡ **法人**が有利

個人事業主に比べて社会的信用が高く、融資も受けやすい。

☐ **優れた人材を採用したい**
➡ **法人**が有利

採用される側からすると、社会的信用が高く、社会保険が整備されている法人のほうが望ましい。

☐ **利益予想が大きい**
➡ **法人**が有利

利益が一定以上の場合、法人のほうが税務上のメリットが大きい。
法人と個人どちらがお得かの判断はケースバイケースだが、利益が600万円を超えたあたりで、税理士などに相談してみるといい。

「会社が絶対いい！」とはかぎらない

やりたい事業があったとき、会社ではなく、個人として行うこともできる。そのため、個人事業か会社設立かで悩む人も多い。

事業の規模や業種によっても違うが、一般的に個人なら届出をすれば事業をスタートでき、会社は設立の手間やお金がかかる。

一方、会社の場合、社会的信用面や税務面でメリットが大きい。両者をよく見比べて、自分に合ったほうを選ぼう。

Point

- 社会的な信用は個人事業より株式会社などの法人のほうが高い。
- 法人の場合、たとえ赤字でも支払わなければならない税金がある。
- 株式会社を設立するには費用が約25万円かかる。

第1章 創業前にチェック！ ベストな計画を練り上げる

個人事業と法人はここが違う

株式会社・合同会社		個人事業（青色申告の場合）
手続き（3章参照）に手間と時間がかかる。費用は約25万円	開業の手続き・費用	税務署に届出を提出するだけ。費用はゼロ
手続きが必要で、費用と手間がかかる	事業の追加・変更	自由にできる
個人より高い	社会的信用	法人より低い
有利	人材確保	不利
有利	資金調達（融資）	不利
赤字でも課される税がある（約7万円〜）。**もうけが大きくなったとき、個人事業に比べて得**	税金の負担	赤字なら税金はゼロ。**もうけが少ないときは法人に比べて得**
比例税率。法人税率は原則として一定	税率	累進税率。所得が増えるほど税率も高くなる
範囲が広く、節税の余地が大きい	経費の範囲	範囲が狭く、節税は不利
9年	赤字の繰り越し	3年
比較的複雑。提出書類が多い	会計処理・確定申告	比較的簡単
いつでも自由	決算期（事業年度）	1/1 〜 12/31
社長1人の会社でも加入義務がある	社会保険（健康保険・厚生年金保険）	従業員が5人未満なら加入は任意

keyword 青色申告 確定申告（1年間の所得を計算して、納税額を決める手続き）の方法のひとつ。一定のルールで帳簿をつけるなど手間がかかる一方、控除など税制上の特典を受けられる。

会社の種類

株式会社と合同会社ならどっち？

法人のおもな種類

株式会社

もっとも一般的な法人の形

日本の会社の9割以上がこの形。規模は、社長1人で運営するものから、複雑に組織化された大企業までさまざま。対外的な信用は高い。株式を公開して、一般から出資を募ることができる。

合同会社

手早く安価に事業をスタート

平成18年に始まった法人形態。株式会社に比べ、手間やコストを抑えてスピーディに設立できる。まだ認知度は低め。出資者だけでの経営が原則のため、固定メンバーで運営する小規模事業向き。

NPO法人

社会貢献活動を目指す公益法人

限定されている分野で、利益ではなく社会貢献や地域振興を目的として活動する。設立や運営の手続き、規制のハードルは高めだが、社会的信用は高い。NPO法人ならではの、税制の優遇措置や助成金が受けられる。

一般社団法人

公益性がなくても設立可能

「一般社団法人」という名称を重要視する事業向き。NPO法人や社会福祉法人などより幅広い事業内容を設定できる。法人税の優遇措置を受けられる非営利法人の中では、比較的設立しやすい。融資を受けられる幅は狭め。

小さな規模の事業に向いている

会社をつくるときの選択肢は、株式会社だけではない。近年、増えているのが合同会社という形。税制面などでは株式会社と同じだが、設立手続きが簡単で、初期費用も安いのがメリット。「出資者=経営者」となるため、小規模の事業に向いている。

半面、社会的な認知度はまだ低く、株式会社よりイメージ的に劣る。この点をよく考えて、選択したい。

Point

- 法人の種類は「株式会社」だけではない。
- 「株式会社」の看板にこだわらないなら、「合同会社」という選択も。
- 法人の種類によって、「社名」や「代表者の呼び方」なども異なる。

株式会社と合同会社はどう違う？

株式会社		合同会社
約20万～25万円	設立費用	約6万～10万円
「定款の認証」(p80)が必要	手続き	株式会社とほぼ同じだが、「定款の認証」は不要
○○○株式会社 または 株式会社○○○ 省略するときは（株）	社名	○○○合同会社 または 合同会社○○○ 省略するときは（同）
代表取締役	代表者の呼び方	代表社員
株主	出資者の呼び方	社員
株主総会（1株（単元）1議決権）	意思決定最高機関（議決権）	社員総会（1人1票）
ある	決算公告の義務	ない

（合同会社でもいいな）

（「代表取締役」の肩書きは捨てがたいな）

COLUMN

合同会社の登記件数は右肩上がり

右のグラフを見てわかる通り、合同会社の設立は急カーブで増加中。平成27年の合同会社の登記総数は、4万8290件（ちなみに、株式会社の登記総数は96万件以上）だ。

合同会社の認知度は高まりつつあり、今後も増加が見込まれる。

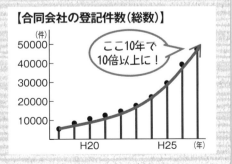

【合同会社の登記件数（総数）】

ここ10年で10倍以上に！

法務省「登記統計 統計表」より

個人事業から会社に移行することも

法人成り

こんなときに「法人成り」を考える

- 売上1000万円超え（消費税の課税対象）が見えてきた
- 「法人じゃないと取引できないよ」といわれた

メリット
- 節税効果が高い
- 新規取引に有利
- 融資を受けやすい
- 助成金を受けやすい

デメリット
- 赤字でも法人住民税がかかる
- 会社設立の費用がかかる
- 社会保険加入が義務化
- 経理、確定申告が難しくなる（税理士などに依頼すると報酬がかかる）

デメリットを上回るメリットがあるか、検討してみましょう

利益が大きくなったら法人成りを考える

個人事業としてスタートし、事業が軌道に乗り、利益が膨らんだら、会社を設立するという手段もある。これを「法人成り」という。

利益が小さい場合は個人でもいいが、利益が膨らむと、会社のほうが税制面では有利。法人成りすることで、節税ができる。

どのような段階で会社に移行すればよいかは、個々のケースで異なる。会計士や税理士にシミュレーションしてもらうといい。

Point
- 最初は個人事業で始めて、途中から会社に切り替える方法もある。
- 利益が膨らんできたら、法人成りを考えてみよう。
- 法人成りの手続きは、「個人事業の店じまい」と、「会社設立」の2つ。

第1章 創業前にチェック！ ベストな計画を練り上げる

法人成りの流れ

個人事業

☐ 契約名義の切り替えを準備する
売上、仕入、外注の契約や、家賃、電気、水道といった経費の契約を法人名義に切り替えるための一覧表をつくる。取引先などには、早めに契約の切り替えを打診する。

会社

☐ 引き継ぎ資産を確認する
商品や原材料、消耗品、設備や車など、会社へ引き継ぐ資産一覧を作成。在庫などを確認する。

☐ 会社の設立手続きを行う
設立の手続きは、ゼロから会社を立ち上げるときと同じ。第3章（p66）へ。

会社設立

☐ 個人事業の廃業届を提出する
会社を設立したら、個人事業の廃業届を税務署や都道府県に提出する。

☐ 法人設立を届け出る
会社を設立したら、税金や社会保険に関する手続きを行う。3章（p66）へ。

☐ 名義の切り替えができたか確認をする
切り替え契約一覧を確認しながら、名義変更の抜けがないか確認する。

☐ 個人事業の確定申告を行う
廃業した年の1月1日から法人設立前までの売上は、個人事業の売上として確定申告をする。

法人成りの翌2~3月

事業計画を立てる

頭の中を整理して創業への道しるべに

事業計画って何？

役割1 自分のための手引書
事業全体を客観的に見ることで頭の中が整理され、実現に向けて必要なモノ、やるべきことが見えてくる。

役割2 外部の人への伝達ツール
金融機関や取引相手などの外部関係者に対して、事業について説明するときに役立つ。

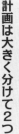
計画は大きく分けて2つ

●**経営計画**
どんな事業をどう運営していくのか、具体的に方針を示す。

●**資金計画**
事業運営に必要なお金はいくらか、お金をどう用意するのか、具体的な数字で示す。

必要なモノやお金、やるべきことが見えてくる

事業計画の作成は、頭の中で考えていることを、具体的に文章や数字にして書いてみることが大事。事業計画書は、会社設立のどの段階でも必要不可欠だが、それだけでなく、自分自身に対する確認の意味も大きい。計画を具体化することで、あいまいな部分が発見でき、すべきことが見えてくる。

最初から完璧な計画書はない。書いては直すことを繰り返して、より完全なものに近づけていく。

- 計画書を書くことで、より具体的に考えられるようになる。
- 客観的に見直すことで、問題点や改善ポイントが見つかることも多い。
- 書いては見直して、徐々に完成形に近づけていく。

何度も書き直すことでベストな計画に

第1章 創業前にチェック！ ベストな計画を練り上げる

とにかく書いてみる

どんな商売をしたいのか、紙に書いてもPCなどに入力してもいい。最初から完璧を目指さず、思いつくままにどんどん書いて「見える化」する。

- ☐ 箇条書きする
- ☐ 日本政策金融公庫等の計画書フォーマットに書き込む（p20）など

このサイクルを繰り返して計画を練り上げる

調査をして根拠を示す

自分が「売れる！」と思うだけでは計画にならない。市場統計を調べて事業ニーズを裏づける、ライバル店を調査して差別化を図るなど、調査や分析をして計画を補完していく。

- ☐ 統計データをチェックする
- ☐ 足を運び自分で確かめる
- ☐ 同業他社の商品、サービスをお客として試す
- ☐ 仕入や設備購入の見積もりをとってみる
- ☐ アンケートをとる
- ☐ サンプル調査をする
- ☐ テスト販売を行う　など

自分以外の目線で見直す

お客様、金融機関、取引先、従業員など、自分以外の立場に立って計画を見直してみる。想像するだけでなく、実際に人に見せて意見をもらうといい。

- ☐ お客様の目線で見直す
- ☐ 人に話して意見をもらう
- ☐ 専門家に計画書を見てもらう　など

計画をフォーマットに落とし込む

本書の第1、2章などを参考に事業計画を立てたら、最終的に下のような「事業（創業）計画書」にまとめてみる（どんな書式でもOK）。事業の全体像を見直し、埋まらない箇所、説得力の弱い箇所を補完し、計画をブラッシュアップしていく。

必要なお金や収益性など、計画を裏づける数字を考えるなら
▶第2章（p42）

書類に注目！ 事業計画書

事業計画を凝縮して1枚にまとめてみる

日本政策金融公庫の創業計画書記入例

自分も関係者も「成功する」と思える計画書をつくります

日本政策金融公庫（各種書式ダウンロード）
https://www.jfc.go.jp/n/service/dl_kokumin.html

第1章 創業前にチェック！ ベストな計画を練り上げる

こんな内容を盛り込もう

- **テーマ**：何をするのか
- **背景**：なぜそのビジネスが必要とされるのか
- **市場規模**：そのビジネス市場はどのくらいの大きさなのか
- **優位性**：他社と違う魅力は何か
- **実現性**：営業、仕入、販売など具体的・現実的な計画はあるか
- **収益性**：どのくらいもうかるのか
- **将来性**：将来にわたって利益を出し続けられるのか

構想を練るなら
- ▶事業コンセプト（p22）
- ▶市場・競合調査（p24）
- ▶許認可（p28）

自分の強みを確認するなら
- ▶キャリア分析（p26）

具体的な事業内容を考えるなら
- ▶開業場所（p30）
- ▶備品の計画（p32）
- ▶開業時期（p34）
- ▶人員計画（p37）

創業計画書【記入例】

（※創業計画書の記入例画像：創業の動機、経営者の略歴、取扱商品・サービス、取引先・取引関係等などの項目が記載されている）

- 創業のきっかけ、経歴、技術、事業の特徴などのポイントを記入してください。
- 販売先・仕入先との結びつきがあれば記入してください。
- 契約書・注文書などがあれば添付しておくください。
- 販売・仕入条件について確認しておく必要があります。
- 立地選定理由についても触れてください。
- 借入金の返済元金はここから支払われることになります。
- 個人営業の場合、事業主分の人件費はここに含まれます。

事業コンセプト
「誰に、何を、どのように」計画の"核"を決める

イメージを絞り込んでいく

それぞれの項目は関連しています。セットで考えましょう

Q 誰に提供しますか？

【客層】（例：健康志向が強く、ランチ代1000円が苦にならない人）

ターゲット顧客層は、性別や年齢区分だけでは不十分。価値観やライフスタイル、懐具合などを絞り込み、どんな人なのかを明確にする。それによって客単価や品揃えも変わってくる。

あわせて考えたい！
【立地は？】　○○な人が集まる駅前／取引先の近所　など
【商圏は？】　直接来店できる範囲／通販で日本全域　など
【集客方法は？】　紹介、口コミ／飛び込み営業　など

アイデアを具体的なプランにまとめる

事業計画を立てる第一歩は、「誰に、何を、どのように」提供するのか、具体的なプランを書き出すことから始めるといい。

客層やメニューなどを明確にしていくことで、事業の方向性が定まってくる。これが事業の核（事業コンセプト）。

店舗計画や売上計画などすべての事業計画は、事業コンセプトに照らし合わせて考える。これがブレない計画をつくるコツだ。

Point

- 事業コンセプトは、すべての計画を立てるための土台になる。
- 「誰に、何を、どのように」提供するのかを明確にしていく。
- お客様はどう思うか、世の中のニーズも考える。

第1章 創業前にチェック！ ベストな計画を練り上げる

 何を提供しますか？

【商品・サービス内容】（例：北海道産野菜とチーズを使ったボリュームサラダがウリのランチセット）

 事業の強み（ウリ）を生かした商品やサービスを具体的に検討する。競合他社との差別化、客層や販売方法とのマッチングなども考える。

あわせて考えたい！

【質は？】　競合他社より高める／競合他社と同様にする　など
【種類（品揃え）は？】　豊富なメニュー／数を絞ってシンプルに　など
【販売価格は？】　高めに設定する／リーズナブルに設定する　など

 どのように提供しますか？

【販売方法・集客方法など】（例：テイクアウトはドリンクサービスをつける。献立表や人気投票結果をSNSで流す。仕入業者と提携し、材料の情報と直売ルートを提供する）

 対面販売、セルフサービス、通信販売などの販売方法を検討する。飲食店であれば、宣伝や集客の方法も含めて、顧客や商品・サービス内容とちぐはぐでないか、よく考える。

あわせて考えたい！

【営業時間は？】　営業日／営業時間　など
【サービスは？】　必要最低限のサービス／丁寧な接客をする　など
【提供する人は？】　従業員が（何人）必要／自分や家族で行う　など

ライバルは？事業の強みを見極める

市場・競合調査

お客様はどこ？ ——市場調査

公表されている情報から探る

統計データを確認
経済産業省の「商業統計調査」、総務省統計局の「家計調査」「全国消費実態調査」、公益財団法人日本生産性本部の「レジャー白書」「生産性統計」など公表されている統計は膨大。

政府統計の総合窓口（日本の統計が閲覧できる政府統計ポータルサイト）
http://www.e-stat.go.jp/

インターネットで検索
調査したいテーマと「市場規模」「市場調査」「利用者数」「消費動向」などのキーワードを組み合わせて検索する。

ほかに、図書館や自治体などで必要な情報の探し方を相談したり、有料のリサーチサービスを利用する方法もある。

自分で調査する
アンケートを郵送する、電話調査を行う、行動や状況を直接観察する、対象者を集めてグループトークしてもらう、ソーシャルメディア等を利用するなどして、市場や消費の動向を調べる。時間と労力がかかる。

データを見るときは、「調査機関の信憑性」「調査の母数」「調査対象の属性」の確認を忘れずに

世の中のニーズ、ライバルの動向を探る

商売をするためには、「お客様」の存在が不可欠。計画している事業のターゲット顧客はどの程度の規模か、現在と近い将来のニーズはどうなりそうか、リサーチしておきたい。

また、同じ商圏に競合他社がないか、あるとしたら、そこに勝る要素は何かなども調べる。同業他社だけでなく、業界を問わず成功している会社の研究は、よりよい事業計画につながる。

Point
- 市場全体やライバル社と比べることで、事業の強みを明らかにする。
- 情報収集には、図書館や自治体、業界団体の窓口などを利用する方法も。
- ライバル社の調査は、顧客として試すと手っ取り早い。

第1章 創業前にチェック！ベストな計画を練り上げる

ライバルに勝てる？ ——競合調査

自社の事業	おもな項目	ライバル店M
事業計画をもとに書き出していく。競合と対比していくことで、自社の強みと弱み（工夫や強化が必要なところ）が見えてくる。	ターゲット顧客	実際にライバル店の商品やサービスを購入して試す、ホームページを調べる、登記情報を確認する、インターネットで検索するなどして情報を集める。
	質・サービス	
	品揃え	
	価格	
	接客	
	宣伝方法	
	資本金・月商	

下のように、ポジショニングマップに自社と競合をあてはめ、棲み分けを探る方法もあります

マップ1 商品・サービスを比較する

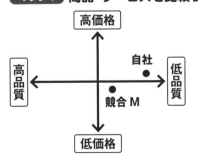

マップ2 接客を比較する

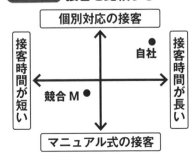

事業を成功へ導く4つの武器

❶ スキル＆ハート

計画している事業の経験や知識／資格や免許／専門的な知識やノウハウ／これまでの業務経験／アイデア／情報／語学力／熱意／興味関心　など

十分あると
事業運営がスムーズにできる。商品やサービスの質が高まり、事業の成功確率が上がる。

強化するには？
同業他社で経験を積む／専門学校などで学ぶ／資格を取得する／スキルの豊富な人材を雇う　など。

「調理師免許」みたいな資格、おれにはないなぁ……

資格にかぎらず、どんな業務で、どんな役割をしたか、キャリアを棚卸ししてみましょう

キャリア分析　自分の強みと課題を洗い出す

事業を行ううえでの強みを掘り下げる

「好きだから」「やってみたい」だけでは、ビジネスは成功しない。より質の高い事業計画の作成に必要なのは、自分の強みと弱みを、客観的に把握しておくことだ。

事業には、金銭面、営業面、企画面など、多くの実業分野があるが、そのすべての経験をもっている人は少ない。まずは、自分が誇る武器となる事柄を挙げてみる。そして自分に足りないことを、どう補っていくかを考えよう。

Point

- 未経験で、知識もない仕事（事業）をいきなり成功させるのは難しい。
- 事業に役立つ経験や能力、資産などが多いほど、計画の実現性も高まる。
- 借金は、マイナスの資産として忘れずに書き出す。

❷ ヒト（人脈）

顧客／取引先／従業員／経営者仲間／
税理士、社会保険労務士、行政書士などの専門家

十分あると
売上や仕入などの事業計画が立てやすくなる。事業経営に関する情報やアドバイスをもらえる。

強化するには？
これまでの人脈を見直し、関係を深める／業界団体や組合などに参加する／業界に詳しい専門家に依頼する　など。

❸ モノ

オフィスや店舗に利用できる不動産／商品の原材料／自動車／設備／備品　など

十分あると
手もちのモノでやりくりできると、開業のためにかかる費用や手間、時間を抑えられる。

強化するには？
中古品を譲ってもらう／自宅にオフィスを構える／居抜き物件を探す　など。

❹ カネ

現金・預金／退職金（予定）／売却できる資産／借金　など

十分あると
開業のための借入金額を抑えられる。金融機関などから融資を受けるとき、自己資金が多いほど審査に通りやすい。

強化するには？
働いて稼ぐ／家族や金融機関から借りる／知人から出資を受ける／計画を見直して必要額を減らす　など。

必要な許認可と要件をチェック

許認可

事業を始めるための条件を調べる

チェック1 どんな許認可が必要？

事業を行うために必要な許認可を調べる。業種によっては複数の許認可が必要なことも。

深夜0時以降も酒を出すなら
・飲食店営業許可
・深夜酒類提供飲食店営業の届出
の2つが必要

チェック2 許認可を取るための要件は？

許認可ごとに、必要な施設の設備・設計、有資格者、資本金額などが定められている。

- 人的要件
- 財務要件
- 施設要件

勝手に営業してはいけない事業がある

自分がやりたい事業が、自由にできるものかどうか、あらかじめしっかりと確認しておこう。業種によっては、所管官庁の認可が必要になるからだ。

業種によって、届出、免許、登録、許可など、許認可の種類も申請先もさまざま。認可が下りるまでの期間もまちまちなので、慎重に準備しておく必要がある。

自信がなければ、行政書士や社会保険労務士に相談しよう。

Point

- 業種によっては、許可や認可を得てからでないと営業できない。
- 許認可を受けるための要件を確認して、クリアするように準備する。
- 業種によっては、届出をするだけでOKなものも。

第1章 創業前にチェック！ ベストな計画を練り上げる

許認可の窓口はそれぞれ

公衆衛生や公安上の理由などによって許認可が必要なため、保健所や警察署などが窓口となるものも多い。

区分（種類）	こんな事業なら…	許認可の種類	窓口
届出 開業後に届出を行えばOK	美容室／理容室	→ 美容所・理容所開設の届出	保健所
	クリーニング店	→ クリーニング所開設の届出	保健所
	時間貸駐車場	→ 貸駐車場の届出	都道府県
免許 開業前に申請。審査・承認が必要	酒類販売店	→ 一般酒類小売業・酒類卸売業免許	税務署
	不動産会社	→ 宅地建物取引業免許	都道府県
登録 開業前に申請。審査・承認が必要	旅行業	→ 旅行業者等の登録	都道府県
	ペットショップ	→ 第一種動物取扱業の登録	都道府県
	電気工事業	→ 電気工事業の登録	都道府県
許可 開業前に申請。審査・承認が必要	飲食店、弁当販売	→ 飲食店営業許可	保健所
	喫茶店	→ 喫茶店営業許可	保健所
	菓子・パン製造	→ 菓子製造許可	保健所
	旅館・ホテル	→ 旅館業営業許可	保健所
	建築業	→ 建築業許可	都道府県
	化粧品販売	→ 化粧品製造販売業許可	都道府県
	リサイクル店、古書店	→ 古物商許可	警察署
	スナック、ゲームセンター	→ 風俗営業許可	警察署

開業場所
オフィス・店舗の目処をつける

事業にぴったりの場所はどこ？

自宅にオフィスを構える、店舗・オフィスを借りる、レンタルオフィスを利用する、移動販売を行うなど、形態はさまざま。自分の目指す事業にふさわしい開業場所を検討する（p70も参照）。

集客しやすい場所は？
仕事をしやすい場所は？

物件探しはココをCheck!

立地Check!

- □ 周辺環境は問題ないか？
- □ 近くにライバル店はないか？
- □ 営業時間内の顧客ターゲット層の周辺人口は？
- □ 交通アクセスの利便性は？
- □ 駐車場はあるか？
- □ 住所のイメージはどうか？

> 飲食店をはじめ、立地によって集客やイメージが大きく左右される業種は多い。周辺の顧客層となる人口などをチェックしたり、自分の目で現地確認をする。

場所や環境は商売を大きく左右する

オフィスならともかく、人が訪れる店舗をつくる場合、かなり早期から、立地の目処をつけておきたい。店の立地条件が、ビジネス成功の鍵を握るからだ。

チラシなどの不動産情報をこまめに集め、これはと思われる物件があれば、実際に出向いて、人の動線や周囲の環境などをチェックしておく。よい物件はなかなか外には出ない。不動産屋と懇意にしておくことも必要だ。

Point

- 🐾 行う事業が、立地によって売上が左右されるかどうか、考えてみる。
- 🐾 立地やアクセス、価格など譲れない点を決め、早めに探し始める。
- 🐾 自宅開業なら、家賃などの固定費を抑えられる。

第1章 創業前にチェック！ ベストな計画を練り上げる

建物 Check!

- □ 事業に適した広さや間取りか？
- □ 使用時間帯・曜日等に制限は？
- □ 管理人やセキュリティは？
- □ トイレ・洗面所は？
- □ 冷暖房の有無、使用制限などは？
- □ 電気の容量、コンセントの数は？
- □ 電話回線、ネット環境は？
- □ 内装変更は可能か？
- □ 看板は出せるか？

> すべて満足できる物件は難しい。絶対外せない項目をピックアップしておく。

価格 Check!

- □ 家賃、共益費などの月額は？
- □ 契約時に必要な諸費用（保証金、権利金等）は？
- □ 設備や内装等の工事が必要な場合、その費用負担は？

> 賃料は毎月必ずかかる。資金面で無理のない価格で決める。

許認可 Check!

（例）飲食店の場合
- □ 換気設備、洗浄設備、ネズミや虫などの防除設備は？
- □ 食器や器具等を保管する設備や、冷蔵設備、給湯設備は？
- □ 床、内壁、天井の構造は？

> 事業によっては、立地や建物、設備が指定基準を満たさないと許可が下りず、始められないことがある。必ず事前に許可可要件の確認を（p28）。

契約 Check!

- □ 個人契約は可能か？
- □ 会社設立後に法人契約へ移行できるか？
- □ 事業に使用可能？
- □ いつから入居できるか？
- □ 本店として登記可能か？

> 物件によっては、事業使用禁止、個人契約不可、保証人が必要などさまざま。入居時期も含めてよく確認を。

備品の計画

「いま」「本当に」必要なものに絞る

3ステップで選抜する

ステップ1 ほしいものと金額を挙げていく

まずは思いつくままに、その事業に必要だと思えるもの、同業他社などに通常ある備品などを、数量を含めてリストアップ。カタログやインターネットで金額を調べて一覧にする。

備品計画(例)

必要な備品	金額	必要な備品	金額
机・いす	○○○	金庫・レジスター	○○○
観葉植物	○○○	什器	○○○
観賞用水槽	○○○	厨房機器	○○○
パソコン	○○○	棚	○○○
黒板	○○○	事務用品	○○○
電話・FAX	○○○	印刷物(名刺、封筒、袋など)	○○○
プリンター	○○○		○○○
空調機器	○○○	制服	○○○
		合計	○○○円

事業のために欠かせないものを考える

事業を始めるにあたっては、どのような業種でも基本的に、机やパソコン、棚、電話などの備品が必要になる。

最初からすべて揃えようとすると、スタート時の費用は膨らむばかり。業務に最低限必要なものをよく考え、シミュレーションしておこう。備品つき居抜きの不動産物件や、事務用品を揃えたレンタルオフィスの存在も、考慮しておくといい。

Point

- 最初から欲張ると、開業後の運転資金が足りなくなることも。
- 事務用品や印刷物のように細かなものも備品としてリストアップ。
- 中古品やリース、レンタルを活用する方法も。

開業後すぐ、本当に必要なものに絞る

一覧にした備品計画を見直して、開業後すぐには使わないもの、なくても困らないものを削る。必要なものでも、ほかで代用できるものは不要。

備品計画(例)

必要な備品	金額	必要な備品	金額
机・いす	○○○	金庫・レジスター	○○○
観葉植物	○○○	什器	○○○
~~観賞用水槽~~	~~○○○~~	厨房機器	~~○○○~~
パソコン	○○○	棚	○○○
黒板	○○○	事務用品	○○○
電話・FAX	○○○	印刷物(名刺、封筒、袋など)	○○○
~~プリンター~~	~~○○○~~		
空調機器	○○○	制服	~~○○○~~
		合計	○○○円

- 安価な中古品に変更
- なくても困らない
- 必要なときに印刷サービスを利用すればOK
- 値下げ交渉で2割オフ

金額を下げる方法を検討する

相見積もりをとる
複数の業者に見積もりを依頼し、比較したり、値引き交渉を行ったりする。

中古品を検討する
新品より安価。品質や保証などに問題がないかよくチェックする。

レンタルやリースを利用する
必要に応じて借りることで初期費用を抑えられる。

---

keyword レンタルとリース レンタルは必要なときに借りてその分の利用料を払う(おしぼり、玄関マットなど)。リースは長期契約を結んで借り、毎月決まったリース料を払う(コピー機など)。

いつまでに、何をするか スケジュールを立てる

開業時期

開業時期を決めるポイント

☐ 資金面で困らないか？

事業資金が不足した状態では、たとえ開業できても事業の継続は難しい。第2章の資金計画（p50）を参考に、事業のために必要なお金を用意できる時期を考える。

☐ 売れるシーズンを逃さないか？

不動産仲介業なら年末〜春先が稼ぎどきなど、時期によって売上に大きな波のある業界も。営業を開始したい時期から、許認可が下りるまでの期間、会社設立手続きなどにかかる期間を逆算して開業準備を進める。

☐ 準備は十分か？

事業を行うために十分な経験を積めるか、必要な資格や免許を取得できるか、集客が見込まれる開業場所や販売先を確保できるかなど、開業までに必要な準備期間を考慮する。

やるべきことを時間軸で整理する

実際に事業を始めるまでには、多くの準備が必要。いつ、何をすればいいのか、早めに確認しておく。そのときのポイントは、時間軸で整理すること。

ねらった開業時期があれば、そこから逆算して考える。具体的な時期を決めていないなら、今後の資金面や技術面などの課題を積み上げて、開業時期を決めてもいい。「いつまでに」と期限を決めて考えると、より現実的な計画になる。

Point

- 開業に向けて、いつ、何をするのか、時間軸で整理していく。
- 希望する開業時期がある場合は、そこから準備期間を逆算してスタート。
- 前職はしっかりと引き継ぎをし、円満に退社する。

第1章 創業前にチェック！ ベストな計画を練り上げる

2つの軸でアクションプランを立てる

これからの事業プラン

準備期間
- 事業計画を練る
- お金を貯める
- スキルを身につける
- 開業場所を探す

資金を貯めたり、経験を積みながら、開業に向けた下準備を進める。開業前の仕事の引き継ぎと並行して、準備を進められるといい。

開業準備

6月
- オフィスや店舗の個人契約をする（または仮契約をする）
- 会社設立を申請する

7月
- 会社を設立
- 各種届出を行う
- 融資を申し込む
- オフィスや店舗の法人契約をする
- 許可を申請する

8月
- スタッフ募集を開始する

9月
- 許可が下りる
- 集客プランを実施する
- スタッフを教育する

開業後

開業
（10月上旬予定）

開業前の仕事

引き継ぎをする
勤め先を辞めて独立する場合は、早めに退職の意思を伝え、時間に余裕をもって、仕事を引き継ぐ。

挨拶回りをする
とくに同業種なら、独立開業後も付き合いが続くケースは少なくない。関係者や取引先にもきちんと挨拶を。

> 商売は信用第一。強引な退職で信頼を失ってはダメだね

> 開業したい時期から、準備や開業前の仕事の引き継ぎにかかる期間を逆算してスケジュールを立てるんだね

Case_01

未経験の業種で会社を始めたい。うまくいくかな?

いつかは社長になりたい。現在の仕事とは畑違いの業種だけど、流行の「○○水」販売なら、絶対成功できる気がします……。

疑問や不安を解決!

Answer
未経験から、いきなり成功するのは厳しいです

会社を設立しても10年で9割の会社が消えていくといわれています。未経験事業を始めるのは、極めてリスキー。まずは「やりたいこと」を試してみるのがおすすめ。

ケーススタディ 経営計画編

ポイント1 経験を積む

会社を始めるときに大切な要素のひとつが、「スキル(経験)」(→ p26)。経験を積むことで、人脈が広がったり、融資判断のプラス材料になる。多少時間がかかっても、同業他社で修業することが、成功への近道といえる。

ポイント2 小さく試してみる

独創的な事業なら、その商品やサービスを本当に買ってもらえるか試してみる。既存の事業なら、市場・競合調査(→ p24)でニーズや強みを分析。実現可能性を高める。

ポイント3 未経験をプラスに

未経験だからこそ既存の会社や商品の弱点や問題点を見つけられることがある。その視点を忘れずに、競合相手との差別化を検討する。

Case_02
事業の立ち上げにあたり、何人雇うか悩んでいます

ビルの軒先を借りて、たい焼き屋を始める予定。最低でも1人、3人くらいスタッフがいると安心して回せると思うのですが、何人雇うべきか……。

Answer
従業員を雇うと、責任とリスクも伴います。最低限必要な人数で始めましょう

人を雇うと、売上の増減にかかわらず、給与や社会保険料などの一定の人件費が毎月かかります。雇用した人材は簡単に解雇できないもの。必要最低限の人員でスタートするようにしましょう。

人を雇うメリット＆デメリット

- 事業規模や売上の拡大に
- 仕事を分担できる
- 新規開拓ができる

- 人件費がかかる
- 簡単に解雇できない
- 教育の必要がある
- 希望した人材でないことも

雇用の形はいろいろ

正社員
優秀な人材が集まりやすい一方、雇用期間に定めがなく、簡単に解雇はできない。

契約社員
一定期間（通常3年以内）の労働契約を結ぶ。有期契約のため、雇用解除はしやすい。

アルバイト、パートタイマー
短時間、短期間の労働契約を結ぶ。単純作業や期間の決まった作業に。

派遣社員
派遣会社と、業務内容や期間、派遣料金などの契約を結び、労働者の派遣を受ける。

Case_03

会社を始めて失敗したら、一文無しになってしまう?

社長になったものの、事業がうまくいかずに倒産してしまったら、どうなるのでしょうか? 借金まみれで、人生終わり……?

Answer

限界の手前でやめる勇気も大切。事業の「やめどき」を決めておきましょう

事業を立ち上げるとき以上に悩ましいのは、事業をやめるとき。経営が極めて苦しい状態なのに、立て直そうと無理な経営を続けて、打つ手をなくす経営者も少なくありません。再起の可能性を残すためにも、「撤退ライン」を考えておきましょう。

事業をやめる判断基準(例)

「○年まで目標売上に達しない場合」

「○期赤字がつづいた場合」

「○年まで役員報酬(自分の給料)が出ない場合」

「借入額が○円まで膨らんだ場合」 など

なるべく低リスクでスタートする

- 小さな規模でスタートする
- 無理にお金をかけない
- 続行できる仕事を副業として続ける など

「倒産したら借金はチャラ」とはならないの?

株式会社の場合、破産すると会社の借金はゼロ。しかし、社長の個人保証をつけて融資を受けている借金は社長が肩代わりすることになる。返済するか、自己破産をすることに。

第2章

いつ、いくら必要？現実的なマネープランを立てる

資金計画編

会社を経営するうえで、どれくらいのお金が必要なのか、どれくらいのお金を得られるのか、数字に落とし込んで、考えてみましょう

貯金がないなら、借りればいい？

マネープラン
事業の計画をお金に落とし込む

「数字」（お金）で示すと説得力が増す

主観的な表現

客観的な表現
熱意やイメージだけでなく、数字に基づいて計画や資料を作成すると、より客観的で説得力のある計画になる。金融機関への融資の依頼、取引先との値段交渉などもスムーズに。

思いだけでは事業は進まない

起業しようと思うかぎりは「これを売りたい」「これをしたい」という熱い想いがあるはずだが、それだけで、事業が進むわけではない。思い描いた事業を成功に導くには、どうしてもお金が必要だ。

あいまいな話では、どこも資金など貸してくれない。事業計画を立てるときは、事業にかかわるお金を、根拠のある数字として出しておく。マネープランを確実に行うことが、成功の第一の鍵だ。

Point

- 数字に基づいた事業計画は、客観的で、誰にでも伝わりやすい。
- 開業に必要なお金の計画と、開業後数年の利益の見通しを立てる。
- 開業後も引き続き、お金の計画を立てることは重要。

2つの計画を立てる

第2章 いつ、いくら必要? 現実的なマネープランを立てる

開業の準備

開業

(軌道に乗るころ)

開業前〜軌道に乗るまでの計画
資金計画表 ▶p50

事業の立ち上げに必要なお金と調達方法を示す

必要なお金はいくら？　調達できるお金はいくら？　不足額はいくら？どう調達する？

開業するにあたって、必要な資金はいくらか、それをどう調達するのかを示す。必要額と調達額が等しくなるように検討する。

開業後〜の計画
損益計画表 ▶p48

どのくらいの利益が出るのか見通しを立てる

売上はどのくらい？　支出はどのくらい？　利益はどのくらい？

 − =

開業したあと、その事業がどのくらいの利益を出すのか、損益の見込みを示す。開業から数年後までの予測を立てる。

売上予測

どれくらいの売上になるか、予測する

Point

- どれだけの売上で、いくら稼げるのか、できるだけ現実的に計算する。
- 売上予測の算出方法はいろいろ。事業に適した計算方法を選ぶ。
- 開業予定地域の事情や競合他社も考慮して計算する。

売上から仕入を引くと粗利がわかる

売上（売上高）

商品やサービスを提供して受け取ったお金。

ー

仕入（売上原価）

実際に売れた分の仕入にかかったお金。売れ残りや未使用の原材料費などは含まない。

＝

粗利（売上総利益）

売上から仕入を引いた利益を「粗利」や「売上総利益」という。会社の基本的な収益力を示す。

p46へつづく

売上に対して粗利が多い事業ほど利幅が大きいといえます

根拠のある数字を積み上げて予測する

会社をつくろうとするとき、誰もが気になるのが「いったいどれだけ稼げるのか？」。

利益を追求するのが会社。売上をどう予測するかは、たいへん重要なポイントだ。希望的観測での売上予測はタブー。現実を見すえた、根拠のある数字で計算する。1つの予測だけでなく、事業がうまくいった場合、うまくいかなかった場合、その中間の3パターンを計算しておく。

第2章 いつ、いくら必要? 現実的なマネープランを立てる

売上はどうやって予測する?

事業に適した計算方法と、業界平均(「中小企業の経営指標の業界平均」など)の数値をベースに予測する。

例 こんな飲食店だったら……

- 客単価平均 3000 円 ← 過去の実績、業界平均や競合他社の単価などから考える。
- 席数 30 席 ← 事業計画、店舗計画などから考える。
- 回転数
  1 日 2.5 回転 ×
  月間営業日数 25 日
  ← 過去の実績、業界平均、競合他社の数値に、地域事情や事業計画を組み入れて修正していく。

《計算式》

客単価 × 席数 × 回転数 = 売上予測
3000 円 × 30 席 × 2.5 回 × 25 日 = 5,625,000 円

おもな売上予測の算出方法

設備の生産能力から計算する(印刷業、運送業など)
《計算式》設備の生産能力 × 設備数

店舗面積から計算する(小売業など)
《計算式》1㎡あたりの売上高 × 売り場面積

客単価から計算する(サービス業など)
《計算式》客単価 × 時間あたり接客数 × 稼働率

1 人あたり売上高から計算する(自動車販売業など)
《計算式》従業者 1 人あたり売上高 × 従業者数

> うまくいった場合、うまくいかなかった場合など、いろいろなパターンを想定して計算してみる。

中小企業の経営等に関する調査「小企業の経営指標 2016」
https://www.jfc.go.jp/n/findings/sme_findings2.html

仕入(売上原価)はどう予測する?

過去の実績や同業他社の原価率を参考にするほか、実際に仕入の見積もりをとって計算してみる。

売れ残りは仕入(売上原価)に含まない

仕入れた商品や原材料費(1 ヵ月分)

実際に販売した分	未使用分(余り)
当月の売上原価	翌月以降に繰り越す

45

支出予測

どれくらいのお金がかかるのか知っておく

「事業で得た利益」を計算する

p44のつづき

粗利（売上高総利益）

売上から、売上にかかった仕入（売上原価）を差し引いた利益。

ー

経費（販売費および一般管理費）
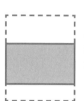
人件費や家賃など、事業をしていくために必要な費用。

＝

事業で得た利益（営業利益）
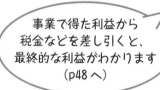
商品の販売などにより得た利益。赤字の場合は「営業損失」となる。

事業で得た利益から税金などを差し引くと、最終的な利益がわかります（p48へ）

毎月、何にいくらかかるか出ていくお金を計算する

当然ながら、売上のお金がそのまま手元に残るわけではない。利益を得るために、支払わなくてはならないお金がある。

家計簿と同じように、どのような支出がどのくらいあるか、現実的な数値を計算して、リストに書き出してみる。

それをすべて足し、経費の総額がわかると、望む利益を出すためには、どれくらいの売上が必要なのか、はっきり自覚できる。

Point

- 毎月、手元から出ていくお金を計算すると、稼ぐべき売上も見えてくる。
- 経費の内訳は、業界平均や同業他社も参考に。
- 最初の1年は、月ごとの変動が大きいため、月次で予測するとベター。

経費はどう計算する？

事業を行うために必要な費用を細かく挙げていき、それぞれの金額を積み上げていく。まずは、ひと月、考えてみる。

第2章　いつ、いくら必要？　現実的なマネープランを立てる

【項目】	【どんな費用？】	【金額】
役員報酬	代表取締役をはじめとする役員に対して、毎月支払う報酬（給与）。	円
アルバイト代	雇っているアルバイトに対して支払う給与。	円
交際費	取引先や得意先への贈答、接待のためにかかる費用。	円
広告宣伝費	商品の売上増加や会社のイメージアップなど、宣伝効果を狙って支払う費用。	円
通信費	電話、郵便、インターネット、テレビなどの通信のために支払う費用。	円
旅費交通費	業務に必要な交通費、出張にかかる旅費など。	円
支払家賃	店舗やオフィスなどを借りたときにかかる家賃や月極駐車場の料金など。	円
水道光熱費	水道代、電気代、ガス代など。ただし、製造部門に使った分は含まない。	円
消耗品費	事務用品、蛍光灯、洗剤などの消耗品や少額の備品の支払い。	円
支払手数料	金融機関への振込手数料や、税理士、弁護士など外部の専門家に支払う報酬。	円
支払保険料	会社が加入している生命保険や火災保険などの各種保険料。	円
租税公課	印紙代、固定資産税、自動車税や、印鑑証明書の発行手数料など。	円
減価償却費	会社がもっている固定資産の価値の減少分を費用化したもの。	円
その他	少額で、まれにしか発生しないものは、「雑費」などの科目でまとめることも。	円
合計		円

毎月出ていくお金。これ以上の売上がないと赤字。

書類に注目！ 損益計画表

1年間の利益などを把握できるようにする

損益計画表をもとに事業計画を見直す

収入や支出の予測を立て、損益計画表を作成。利益などの見通しを立てる。現実的な数字を積み上げると、事業が軌道に乗るまでは赤字の計画になることがほとんど。できるだけシビアに計算し、運転資金を多めに準備しておくことが大切だ。

損益計画表

6ヵ月目	7ヵ月目	8ヵ月目	9ヵ月目	10ヵ月目	11ヵ月目	12ヵ月目	年間累計

収入と支出、利益の見込みがパッとわかる

利益アップの方法

☐ **経費を抑えられないか**
家賃や人件費など、金額が大きく、毎月固定額が出ていくコストを減らせる余地がないか、よく検討する。

☐ **売上を上げる工夫はないか**
顧客ニーズを見直して、商品の質やサービス内容、集客方法などを再検討する。

☐ **売上原価をもっと抑えられないか**
相見積もりをとる、仕入のムダを減らすなどを検討。ただし、品質低下で売れなくなるのはNG。

第2章 いつ、いくら必要？ 現実的なマネープランを立てる

初年度は月次で計画する
開業後すぐは、売上と連動しない支出も少なくない。季節要因などを踏まえて、現実的な月次ベースで数字を積み上げる。

売上予測
売上やその原材料費などを算出して、売上総利益を予測する（p44参照）。

支出予測
人件費や諸経費を算出して、月々の経費としていくら必要か予測する（p46参照）。

		1ヵ月目	2ヵ月目	3ヵ月目	4ヵ月目	5ヵ月目
	売上高					
	売上原価					
	売上総利益					
	役員報酬					
	アルバイト代					
	人件費合計					
	交際費					
	広告宣伝費					
	通信費					
	旅費交通費					
	支払家賃					
	水道光熱費					
	消耗品費					
	支払手数料					
	支払保険料					
	租税公課					
	減価償却費					
	その他経費					
	諸経費合計					
	人件費＋諸経費合計					
	営業利益					
	支払利息					
	経常利益／税引前利益					
	法人税等					
	税引後利益					

※アミかけ部分は出ていくお金（計算では差し引く）。

資金繰りに困らないか
お金のやりとりがすべてその場で現金払いとはかぎらない。「売上の入金が3ヵ月後」というケースも。損益計画表では実際の現金の出入りがわからない。別途、資金繰り表を作成し、検討する。

借入金を返済できるか
利益が出て手元にお金が入らないことには、借入金を返済できない。融資を受ける予定があるなら、月々いくら返済できるか、返済期間はどのくらいがいいのか、損益計画と資金繰り表（p144）をもとに考える。

> 書類に注目！
> **資金計画表**

事業が軌道に乗るまでにいくら必要か計算する

「必要なお金」と「調達するお金」を検討

設備計画と支出予測をもとに、事業の立ち上げに必要なお金を計算する。次に、自分が準備できるお金を計算。それぞれの合計金額が一致するように考えていく。

資金計画表

調達するお金	
貯金 退職金	
	小計　〇〇〇〇円
借入金など	
	小計　〇〇〇〇円
合計	**〇〇〇〇円**

自己資金
手もちの資金。親などから贈与を受けたものもここに含める。

自己資金だけでまかなえない場合は、金融機関や家族からの借入れなどを検討する。
→次項へ

開業に向けて用意するべき合計額がわかります

2つの合計金額を比べる

右側（調達）が大きい
当面のお金の心配はいらない。融資を受ける場合は、自己資金を減らして合計金額を一致させる。

第2章 いつ、いくら必要? 現実的なマネープランを立てる

資料を根拠に金額を考える

金額は漠然と予想するのではなく、右のような資料を根拠に積み上げていく。

契約書　見積書　カタログ　開業予定地の賃貸物件情報

イニシャルコスト

事業をスタートするために必要な創業費用。オフィス・店舗計画（p30）、備品計画（p32）を参考に項目と金額を書く。

ランニングコスト

開業後、事業が軌道に乗るまでの間、必要な運転資金。仕入予測（p45）、支出予測（p46）などを参考に項目と金額を書く。

必要なお金		
設備資金	（店舗やオフィスなどの費用） 保証金 家賃、前家賃 内装工事費	
設備資金	（機械、備品、車両などの費用） 厨房機器 什器、備品類 机、イス	
		小計　○○○○円
運転資金	仕入×4ヵ月分 人件費（役員報酬、アルバイト代など）×4ヵ月分 諸経費（交際費、通信費など）×4ヵ月分	
		小計　○○○○円
	合計	**○○○○円**

軌道に乗るまでの期間分を見積もる

業種によって異なるが、少なくても3ヵ月～半年程度の運転資金を見積もる。計算は【月額運転資金×○ヵ月】でもよいが、開業当初は支出が変動しがち。月次ベースの損益計画表（p48）や資金繰り表（p144）をもとに現実的な計算を。

左側(必要)が大きい

設備資金・運転資金を見直して必要額を減らすか、調達するお金を増やして（p52）合計金額を一致させる。

資金調達 1
自己資金だけで足りないときは？

資金を調達する4つの方法

稼ぐ(貯める)
安全で確実。時間はかかる

働いてコツコツ貯金する。同業他社で働けば経験も積めて一石二鳥。一方、すぐには貯まらないため、開業の好機を逸する可能性も。

もらう
返済義務はないが、誰でももらえるわけじゃない

補助金や助成金を受けたり、親などから援助を受ける（p59へ）方法。返済義務はない一方、誰もがもらえるものではない。

借りる
起業する人を支援する融資制度がおすすめ

金融機関から融資を受ける。創業の場合、日本政策金融公庫などが行っている起業家支援のための融資制度が利用しやすい（p54、p56へ）。

出資を受ける
自己資金になる一方、経営に口も出される

資金を提供してもらう代わりに、相手に株主の地位を与える。小さな会社の場合、出資より借入のほうが向いている（p55へ）。

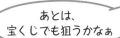

あとは、宝くじでも狙うかなぁ

まずは金融機関からの借入を考える

資金調達というと、銀行からの融資を考えがちだが、創業まもない会社が受けるのは難しいもの。そんなときは、公的金融機関の利用を検討する。その代表が日本政策金融公庫。小さな会社の創業支援などを目的として、無担保・無保証で借りられる制度もある。

一方、国や自治体が行う創業支援の補助金や助成金もある。いずれも審査の鍵を握るのは事業計画書。しっかりと立案しよう。

Point
- 開業資金が足りない場合、まず検討したいのは金融機関からの融資。
- 創業支援を目的とした公的融資制度がおすすめ。
- 補助金や助成金は原則、後払い。資金調達としてあてにしない。

\\もらえる？もらえない？//
補助金・助成金について知ろう

国や自治体などが、創業や新規事業の支援、地域振興を目指して用意している制度。返済は不要だが、期間内に申し込み手続きを行い、採択された事業者のみが受給対象となる。資金調達としてはあてにできない。一方、補助金の審査に通ると、国のお墨付きを得た事業だと判断されるため、金融機関からの信用が高まるメリットも。

大きく分けて3タイプ

タイプ	どんなもの？	受給できる？	過去の制度例
厚生労働省系の助成金	雇用の促進、労働者のキャリアアップなどを目指すもの。	基本的には、要件を満たして期間中に申請すれば、受け取れる。	トライアル雇用奨励金／キャリアアップ助成金　など
経済産業省系の補助金	中小企業振興、地域活性化、技術振興、女性や若者支援などを目指すもの。申請（公募）期間は短め。	要件を満たして申請しても、審査に通らないと受給できない。採択率は数％～数十％と低め。	創業・第二創業促進補助金／革新的ものづくり・商業・サービス開発支援補助金　など
自治体の助成金や補助金	自治体が、地域の産業振興などを目的として、それぞれ設けている独自制度。	制度によってさまざま。制度の充実している自治体で開業するのも1つの方法。	融資の利子補給／店舗の家賃補助／ホームページ作成費用補助　など

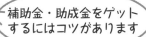

補助金・助成金をゲットするにはコツがあります

☐ まめに情報収集。年度初めは要チェック

制度によっては、公示や受付期間が短いものや、事前に手続きが必要なものも。関係省庁のHPなどをまめに確認したり、専門家に相談して情報を早く知る。とくに、国の予算が決まる年度明け（4月）に、助成金や補助金の発表が多い。

☐ 早めに申請する

決められた年度予算がなくなると、当初の予定より早く制度が終了することも。該当する制度を見つけたら早めに申請を。

☐ 受給のために無理はしない

受給のために不必要な人員や設備を増やすようでは本末転倒。補助金や助成金は、該当したらラッキー程度に考えておく。

「借りる」なら、まずコレ！

公的融資について知ろう

創業まもない会社が融資を受けるとき、一般的に多く利用されているのが、創業支援のために日本政策金融公庫や地方自治体が行っている融資。利率が低いものや、担保や保証が不要なものもある。事業計画書などを提出し、審査に通ると融資を受けられる。

日本政策金融公庫の融資制度

小規模事業や個人事業主への融資を目的としている政府系金融機関。申し込みから融資実行までが比較的スピーディ。

制度名	対象	限度額	返済期間
新規開業資金	事業開始後おおむね7年以内で、一定の条件を満たす人	7200万円（うち運転資金4800万円）	運転資金7年以内（うち据置期間2年以内）設備資金20年以内（うち据置期間2年以内）
女性・若者・シニア起業家支援資金	事業開始後おおむね7年以内で、女性または30歳未満か55歳以上の人	国民生活事業で7200万円（うち運転資金4800万円）	運転資金7年以内（うち据置期間2年以内）設備資金20年以内（うち据置期間2年以内）
新創業融資制度	あらたに事業を始める人か、事業開始後2期目の税務申告を終えていない人	3000万円（うち運転資金1500万円）	運転資金7年以内（うち据置期間2年以内）設備資金20年以内（うち据置期間2年以内）

日本政策金融公庫 融資制度一覧
https://www.jfc.go.jp/n/finance/search/

自治体の制度融資

都道府県や市区町村が行っている。窓口は、銀行などの民間金融機関。信用保証協会という公的機関が保証人となってくれる（保証料は必要）。制度の対象や条件は各自治体や信用保証協会のホームページで確認を。

一般社団法人全国信用保証協会連合　お近くの信用保証協会
http://www.zenshinhoren.or.jp/others/nearest.html

どっちがいいの？
出資と借入の違いを知ろう

借入とはいわゆる借金。一方、出資は出資金の見返りに下のような株主の権利を付与される。出資を受ける場合、経営に口を出されたり、トラブルのリスクもあるので注意を。

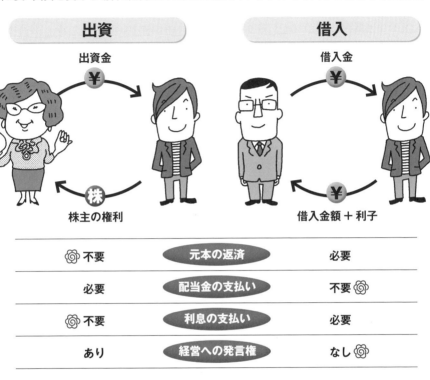

出資		借入
不要	元本の返済	必要
必要	配当金の支払い	不要
不要	利息の支払い	必要
あり	経営への発言権	なし

COLUMN

親から借りるときも「契約書」はマスト

口約束はトラブルのもとよ

　親などの家族から借り入れる場合、口約束だけではなく、他人からの借り入れ同様、しっかりとした「金銭消費賃貸契約書」を作成しておこう。
　出資との区別ができ、高率の税金のかかる贈与と間違えられる心配もない。

資金調達 2 融資を受けるにはどうしたらいい？

安心して貸せるかどうか？ を見られる

融資を受けられる人と受けられない人、その違いはずばり「利益を出して、きちんと返済できそうかどうか」。審査は、事業（創業）計画書と面談などで行われる。下の3ポイントを中心に、安心して貸せる相手だと伝えよう（ほかのポイントはp61へ）。

☐ 自己資金はある？

➡ 貯金が多いほど借りやすい

貯金ゼロの場合、融資を受けられる可能性は低い。創業企業の自己資金割合の平均は3割程度。ざっくりとした目安だが、貯金の2倍が融資を受けられる上限額と考えておくといい。

《計算式》

$$自己資金割合 = \frac{自己資金}{事業に必要なお金}$$

400万円借りたいなら、貯金の目安は200万円だね

融資を受ける流れ

1 提出書類を準備する
所定の創業計画書、添付資料などを準備する。どんな書類が必要か、事前に窓口や電話で相談してもよい。

2 融資を申し込む
準備した書類を窓口へ持参する。郵送でもOK。

申し込みから融資実行までは平均3週間程度。

日本政策金融公庫の場合

Point

- コツコツとお金を貯めてきた人ほど、創業融資は受けやすい。
- 同じ事業での経験が、計画実現性の担保となる。
- 「これなら間違いなく返済してくれる」と思われる事業計画を準備する。

☐ 同じ事業の経験はある？

➡ 未経験の業種はハードルが高い

いくら魅力的な計画があったとしても、それを実行して、成功させるのは「人」。そのため、経営者に計画を実行できるだけの力があるかどうか、必ずチェックされる。その事業について十分な経験や知識があることが望ましい。

> 詳しく丁寧に書くほどいいんだ

(例) ソフトウェア開発事業の場合
- 開発業務のキャリア（経験、立場など）は？
- 具体的な業務内容は？
- 具体的な実績、業績は？
- 開発技術に関する資格は？
- 開発技術に関する学習歴（学校や研修など）は？
- 開発業務以外のキャリア（人事、経理経営、総務、営業など）は？
- など

☐ 事業計画に説得力はある？

➡ 返済できる根拠を数字で示す

融資を受ける際に提出する事業計画書は、目標やビジョンを盛り込むのではなく、実現可能性の高いものであることが肝要。数字の根拠となる資料も提示し、借りたお金を間違いなく返済できることを示す。

所定の書類
事業計画書（日本政策金融公庫ならA3用紙で1枚ほど）、借入申込書など。

添付資料
各種計画書、見積書、販売先からの発注書や契約書、免許や預金通帳のコピーなど。

> 税理士などの専門家に見てもらうと安心

---

5 融資が実行される
借用証書などが送付され、契約手続きを行う。その後、指定した口座に振り込まれる。

4 融資の可否、金額が決まる
提出書類、面談の結果をもとに審査が行われ、融資の可否が決まる。融資額の減額を提案されたり、再審査になることも。

3 担当者と面談する
計画内容、信頼できる人か、経営者の資質があるかなどがチェックされる。店舗などの現地調査もある。

Case_01
借金を抱えることに抵抗があります

借金なんてしないほうがいいですよね。資金繰りが苦しくても、身内に借りてなんとかしたいと思いますが……。

疑問や不安を解決！

ケーススタディ 資金計画編

Answer
無借金経営がベストとはかぎりません

資金が足りてうまく回っているならいいですが、資金不足を感じるなら借入も1つの手。借入そのものが悪いわけではありません。

借入のメリット

事業を拡大したり、設備投資ができる
好機を逃すことなく、必要なときにまとまった資金を投資できる。

資金繰りが安定する
適切な借入をすることで、運転資金の不足で困ることがなく、経営が安定する。

不測の事態に備えることができる
不測の事態が起きても会社を維持できる程度の資金の確保が可能。

金融機関との付き合いが生まれる
借入を継続していくことで金融機関との信頼関係が生まれる。

> 経営が悪化してから、いきなり頼んでも貸してもらえません

借りられるときに借りて、きちんと返済をして信用を高めておくことが大切。

Case_02
親からもらったお金は自己資金になるの?

会社を立ち上げる話を両親にしたところ200万円までなら出すよといってもらえました。借りたとしても、もらったとしても、自己資金としてカウントできますか?

第2章 いつ、いくら必要? 現実的なマネープランを立てる

Answer
借りたお金はなりませんが、一定の条件内でもらったお金は自己資金になります

お金を貸す金融機関は、申告した自己資金が本当に本人のお金なのか、コツコツ貯めたお金なのか、通帳や書類などを確認して調べます。自己資金が多いほど借入額の増額も期待できますが、お金の出所をごまかすことは厳禁です。

❶ もらった場合 ← 「贈与契約書」で証明する

贈与を受けた日付、金額、返済不要である旨、贈与する人とされる人の住所・氏名・捺印などを記した契約書を交わしておく。

贈与税に注意!
年間110万円超の贈与は、贈与税がかかる

❷ 借りた場合 ← 「金銭消費貸借契約書」で証明する

❸ 退職金の場合 ← 源泉徴収票などで証明

❹ 株などの売却益の場合 ← 売買報告書などで証明

Case_03
お金がなくても出資できる、資本金額を増やせると聞きました。本当?

会社の資本金額は、多いほうが立派に見えるし、融資も受けやすいのではと思っています。いまのところ、貯金は150万円。でも、資本金額をもっと増やせる裏ワザがあると聞きましたが……。

Answer
「現物出資」という方法があります

車やパソコン、有価証券といった「モノ」を会社の財産として出資することができます。そのモノの評価額を算出し、それを出資額として資本金額に計上できます。

「調査が不要」な現物出資がおすすめ

原則

現物出資をする場合は、
検査役による調査が必要になる

※ただし、以下の場合は検査役の
調査は不要!

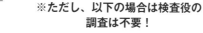

☐ **現物出資の合計額が500万円以下の場合**

☐ **市場価格のある有価証券で、定款に記載された価格がその市場価格を超えない場合**

☐ **弁護士、公認会計士、税理士などの証明を受けた場合**

現物出資を
する場合は、
いくつかの手続きが
必要なんだって

● 定款を作成するとき、必ず記載する

● 登記申請のとき、「調査報告書」や「財産引継書」などを添付する

など

Case_04
自己資金、経験、計画が揃えば、必ず融資を受けられますか？

事業用資金を借りるにあたって、ある程度の貯金と事業経験、しっかりした事業計画があれば、融資の審査に落ちるようなことはないですよね……？

Answer
計画以前に、借りられない人もいます

融資が通るような万全の計画を立てても、その人自身に問題がある場合、借りられるとはかぎりません。

第2章 いつ、いくら必要？ 現実的なマネープランを立てる

こんな場合は、借りられないことも

税金の滞納がある
税金などの未納や滞納がある場合。支払いが遅れがちな人は、審査の際に評価が下がる。

他からの借り入れ（未申告）がある
すでにローンがある場合、審査は通りにくい。隠してもバレるうえ、信用は失墜する。

態度が悪い
面談の態度が悪く、「貸したい」と思えないような場合、審査が厳しくなることも。

代表者個人に事故情報がある
クレジットやローンの返済遅延や踏み倒しがあった場合、審査はかなり厳しくなる。

Case_05
商品の販売価格はどうやって決めるといいの?

安価なほうがいい? 高いほうがいい? お客様にいくらで販売するか悩んでいます。商品の価格はどうやって決めるのがいいのでしょうか。

Answer
基本は「買ってもらえる価格」かつ「損しない価格」です

消費者が妥当だと考える価格(買ってもらえる価格帯)と仕入価格の範囲で販売価格を設定するのが基本。

3つのポイントを考慮する

原価
仕入やかかった経費などを回収して、適切な利益を確保できる価格を計算する。会社目線の価格設定なので、これだけで売価を決めてはいけない。

ライバル(市場価格)
薄利多売を狙って市場価格より下げる、品質やサービスの優位性を高めて市場価格と同じか高めに設定するなど差別化する。

需要
消費者に「買ってもらえる価格」を考え、それに応じて原価を調整する。また、時期(繁忙期、閑散期)や時間帯(深夜、早朝)、顧客(性別、年齢)などの区分ごとに価格設定することも。

第3章

設立登記を申請。完了したら届出をする

設立手続き、届出編

株式会社をつくる手続きを「設立登記」といいます。専門家の手を借りる場合も手続きの流れやスケジュールを把握しておきましょう

安易に決めると後悔する……かも

設立登記の流れ

会社が誕生するまでの手順を知っておく

会社誕生までのプロセス（発起設立）

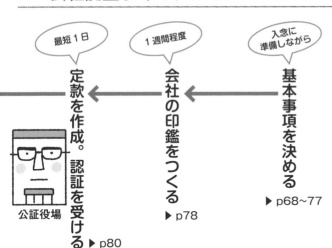

基本事項を決める ▶ p68〜77
（入念に準備しながら）

社名や本店所在地、決算期など会社の基本事項を決める。設立手続きで作成する文書のベースになる。

会社の印鑑をつくる ▶ p78
（1週間程度）

会社名が決まったら、会社の印鑑を早めに注文する。設立手続きには、役員や出資者の個人の印鑑と「印鑑証明書」も必要。

定款を作成。認証を受ける ▶ p80
（最短1日）
公証役場

会社の憲法である「定款」という文書を作成し、公証役場で認証を受ける。認証費用は5万円＋α、収入印紙代が4万円かかる。

会社設立手続きの流れをつかんでおく

株式会社をつくる「設立登記」という手続きは、上の通り。開業準備と並行して、やるべきことは多いが、書類の作成や手続きは、司法書士などの専門家に依頼できる。どのような順序で、何をするのか、いつ・いくら必要か、手続きの流れやスケジュールを頭に入れておくと安心だ。

開業時期（34ページ）や会社を設立したい日から逆算して、手続きの準備をすすめていこう。

Point
- 準備をしっかりしておけば、2週間程度で設立可能。
- 株式会社の設立にかかる費用は、実費で約25万円。
- 公証役場、銀行、法務局、税務署など、あちこちでの手続きが必要。

第3章 設立登記を申請。完了したら届出をする

申請日＝会社の誕生日

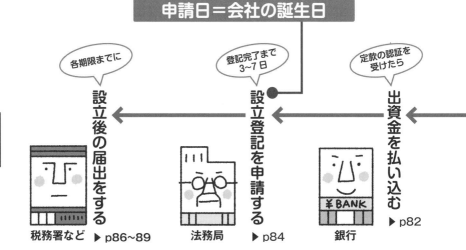

出資金を払い込む ▶p82
（定款の認証を受けたら）
銀行

定款の認証を受けたら、すみやかに出資金を発起人の個人口座に払い込む。全額払い込み後、「払い込みを証明する書面」を作成。

設立登記を申請する ▶p84
（登記完了まで3〜7日）
法務局

登記書類を準備し、出資金の払い込みから2週間以内に法務局で登記を申請する。登録免許税として最低15万円必要。

設立後の届出をする ▶p86〜89
（各期限までに）
税務署など

登記が完了したら、諸官庁に届出をし、税金や社会保険に関する手続きを行う。法人口座の開設や許認可の取得（許認可が必要な事業の場合）なども。

会社をつくる一連の手続きをする人

発起人

会社設立を計画し、設立手続きを実行する。出資者であり、会社設立後は必ず株主となる。発起人は1人でも複数でもよい。

> **keyword 発起人** 株式会社の設立方法は、発起人だけが出資する「発起設立」と、発起人以外の株主からも出資を受ける「募集設立」の2つ。小さな会社には、手間と費用が少ない発起設立が向いている。

手続きを始める前によく考えて決めておく

基本事項の決定

設立後に後悔しない！6つの要検討項目

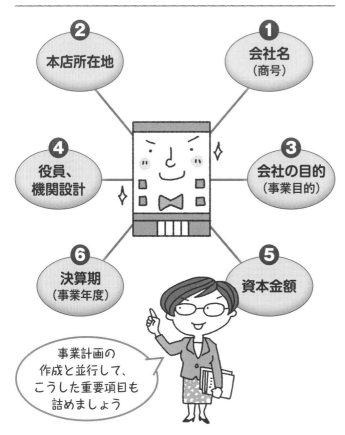

1. 会社名（商号）
2. 本店所在地
3. 会社の目的（事業目的）
4. 役員、機関設計
5. 資本金額
6. 決算期（事業年度）

事業計画の作成と並行して、こうした重要項目も詰めましょう

設立後の変更にはお金も手間も余計にかかる

手続きに必要な書類には、会社の名前や目的など、どのような会社をつくるのかといった、基本的な項目を書き入れる。たいへん重要なことなので、手続き前にじっくり考えて決めておく。

安易に決めると、事業がスムーズに進まないこともある。たとえば、似たような名称であることから訴えられたり、必要な許認可が下りないなどのトラブルが起こったりするおそれもあるのだ。

Point

- 事業計画と並行して、社名や本店所在地などを具体的に決めていく。
- 基本事項は会社の運営にも影響するため、安易に決めてはダメ。
- 会社の将来を見据えて、じっくり考えて決める。

① 会社名（商号）

会社名（商号）は、同一住所・同一商号でないかぎり、以下のルールを守れば原則自由につけられる。会社のイメージを左右する大事な名前なので、覚えやすさ、伝わりやすさ、発音のしやすさなどを考慮して命名する。他社の商号や商標登録されている名称と類似しているとトラブルのもと。決定前に類似商号がないか、チェックしておきたい（p90へ）。

ルール1　会社名に「株式会社」を必ず入れる（株式会社設立の場合）

○○○株式会社　　または　　株式会社○○○

「株式会社」の位置が前と後ろで異なれば別会社とみなされる。

ルール2　以下の文字・符号を使う

漢字	ひらがな	カタカナ	アルファベット	アラビア数字
亜	あ	ア	A　a	1

符号※

&	-	・	.	'	,
(アンパサンド)	(ハイフン)	(中点)	(ピリオド)	(アポストロフィー)	(コンマ)

「あいう」と「アイウ」、「ABC」と「abc」は別会社とみなされる。

ルール3　こんな言葉は使えない

×トヨタ／トヨタグループ
有名会社や有名人などと同じ商号はNG

×～支店／～営業部
会社の部門を表す言葉はNG

×売春／賭博
公序良俗に反する言葉はNG

×～銀行／～信託
銀行業や信託業以外ではNG

※符合は、商号の先頭または末尾に用いることはできない。ただし、「.」（ピリオド）については、その直前にローマ字を用いた場合に省略を表すものとして商号の末尾に用いることができる。

❷ 本店所在地

中心となって業務を行う事務所の住所を、本店所在地という。事業内容や規模に合った場所を選ぶ。小さい会社の場合、自宅兼会社にすることもよくある。賃貸オフィスなどを借りる場合などと比較し、メリット・デメリットをよく考慮してから決めたい。

自宅を本店所在地とする場合

	メリット	デメリット
自宅兼オフィス	● 初期費用を抑えられる。 ● 賃料がかからない。 ● 通勤がないため、時間や交通費を節約できる。	● 自宅住所が公開されるため、プライバシーを守れない可能性がある。 ● 空間的、時間的に、仕事とプライベートを分けにくい。 ● 許認可業種の場合、本店所在地が自宅だと認められないケースがある（例・宅地建物取引業など）。

賃貸や分譲マンションの場合は……
事業用の使用が可能か、本店として登記してよいか、不動産業者や大家に必ず確認する。

定款への記載は2通り

市区町村まで（最小行政区画まで）

例）
東京都渋谷区

↓

同じ市区町村内の移転であれば、定款の変更は不要（市区町村外への移転では必要）。

町名・番地まで

例）
東京都渋谷区千駄ヶ谷○丁目○番○号

↓

同じ市区町村内に移転する場合でも、定款の変更が必要。

オフィスを借りて本店所在地とする場合

	メリット	デメリット
貸事務所（賃貸オフィス）	●対外的な信用度が高い。 ●オフィス設計などの自由度が高い。 ●外部の人を招いて打ち合わせができる。	●下の形態よりも、毎月の賃料や初期費用が高い。 ●備品の設置など、入居準備に時間と費用がかかる。
レンタルオフィス 業務に必要な設備が揃っていてすぐに使える状態のオフィスを借りる。	●貸事務所よりも初期費用や賃料が抑えられる。 ●同じ予算なら、貸事務所より好立地の本店所在地にできる。 ●業務に必要な机やイスなどが揃っているため、入居から事業開始がスムーズ。	●銀行口座の開設や社会保険への加入が難しい可能性がある（とくに業務スペースが完全個室でない場合）。 ●共有設備やオプションサービスの利用で割高になることもある。
バーチャルオフィス 住所や電話番号、FAX番号などをレンタルする。業務スペースはない。	●安価で一等地に本店所在地を置くことができる。 ●電話応対サービスなどを利用できる。 ●初期費用をかなり抑えられる。	●許認可が必要な事業によっては、許認可が下りないことがある。 ●銀行口座の開設や社会保険への加入が難しい可能性がある。取引先や銀行など、対外的信用力が低い。

第3章　設立登記を申請。完了したら届出をする

COLUMN

賃貸契約と会社設立、どっちが先？

契約の流れ

貸し主に登記する旨を伝える
↓
個人名義で賃貸契約を結ぶ
（または会社名で仮契約する）
↓
← 会社設立
↓
会社名義の賃貸契約に変更する

会社設立に関する手続き書類に、本店所在地を書く必要があるため、賃貸オフィスを借りる場合は、まず個人名義で賃貸契約を行う。その際、会社の本店所在地として登記することを、貸し主に伝えておく。会社の登記が終わったら、会社名義での賃貸契約に変更する。

❸ 会社の目的（事業目的）

目的とは、どのような事業を行うかという業務内容のこと。複数の業種を書いてかまわないので、当面の事業内容だけでなく、将来やりたいことも加え、幅をもたせておくといい。ただ、許認可が必要な事業など、書き方によっては設立後に困ることもあるので要注意。

書き方の基本ルール

□ 法律に違反していない？
「売春」や「大麻の販売」など、公序良俗に反することや、違法性のあるものはNG。

□ 利益を目的としている？
「ボランティア活動」のように営利性のない目的のみ定めることはNG。

□ 具体的でわかりやすい？
「流行の事業全般」のように不明瞭な記載ではなく、可能なかぎり具体的に記載するといい。

決定前のチェックポイント

□ 数年後に行いたい事業も記載する
将来行う可能性のある事業はすべて記載する（設立後に追加する場合は、手間と費用がかかる）。

□ 許認可が必要な事業は記載について確認する
許認可が必要な事業の中には、決まった記載方法にのっとっていないと、許認可が下りないことも。監督官庁に確認しておく。

定款記載時のポイント

本業を最初に記載し、最後に「前各号に附帯する一切の業務」という一文を入れる。
これにより、事業目的に定めた内容に関連する業務を行う必要が生じた場合にも、定款変更手続きが不要となる。

役員、機関設計

機関設計は、会社の大枠を支える組織をどう構成するかを決めたもの。いわゆる社長とか専務といった役職ではなく、取締役会などの設置や取締役人数を決める。機関設計の大きなポイントは、取締役会をつくるかどうかだが、小さな会社では設置しないほうが、意思決定も早く経営はスムーズ。

例1 （取締役会非設置会社）

 ＋ ＝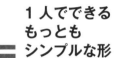

株主総会（1人）
株主全員で行われる会議。株主が1人でも株主総会という。

取締役1人（代表取締役）
会社の運営方針を決定し、業務を行うのが取締役。任期は原則2年※。

1人でできるもっともシンプルな形
あらゆる決定を自分1人でできるため、意思決定が早い。半面、ワンマン経営で軌道修正が難しい。

株主が複数だと？
会社運営の重要事項は、株主総会で決める。株主の発言力が強く、経営が難しくなることも。

取締役が複数だと？
ワンマン経営にはなりにくい。業務執行に関する事項は取締役の過半数で決めるため、経営スピードには欠ける。

例2 （取締役会設置会社で非公開会社）

株主総会
法律および定款で定められた重要事項については、株主が集まって株主総会で決議する。

取締役会
3人以上の取締役がいると設置可能。株主総会の専権決議事項以外の重要事項は取締役会で決める。株主の発言力は低め。

監査役、会計参与
会計参与は取締役と共同で決算書を作成。監査役は取締役の職務執行の適法性をチェックする役割を担う。

＝ 規模の大きな会社に向く形
取締役会を設置するなら、監査役もしくは会計参与の設置も必要。経営体制が強固になり、会社の信頼性も高まる。

※株式会社の取締役の任期は原則2年とされるが、株式の譲渡制限を設けている会社（小さな会社の多くは、譲渡制限を設けている）は、定款で10年まで延ばすことができる。

❺ 資本金額

資本金額（業務の元手となるお金の額）は、法律的にはいくらでもかまわない。極端にいえば1円でもいいが、融資や信用の面でマイナス。業種にもよるが、かつて有限会社の最低資本金額とされていた300万円くらいあれば、ひとまず安心だ。

判断ポイント1

☐ 事業を続けられる金額か？

事業全体で、当面必要なお金を把握する（p50参照）。不足分を融資でまかなう場合も、この必要合計額の1/3程度の自己資金（資本金額）がないと借りるのは困難。

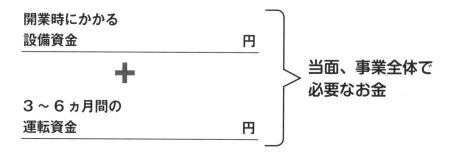

判断ポイント2

☐ 信用を得られる金額か？

会社を設立すると、資本金額は公開され、誰でも登記簿で確認できる。資本金額が少なすぎると、たとえば金融機関で融資の審査が通りにくくなったり、場合によっては法人口座の開設すら危ぶまれることも。仕入先や販売先、外注先といった取引先にとっても、資本金額は信用を図るものさしのひとつ。対外的な信用を得られるかどうか、相手の立場で検討したい。

判断ポイント3

□税金で損をしないか？

会社にかかる税金（法人住民税や消費税など）は、資本金額によって変わってくる。資本金の額が大きくなるほど、納める税額も増える。税務上は、最大でも1000万円未満にしておくと有利。

法人住民税

↑ 資本金等1000万円超は
　18万円〜

↓ 1000万円以下は7万円

※上記は従業員が50人以下・東京都の場合。

資本金額によって、自治体に収める法人住民税の均等割額が決まる。

消費税

↑ 資本金1000万円以上は
　1期目から課税事業者

↓ 1000万円未満は
　1期目、2期目は免税事業者

資本金が1000万円未満の場合、1、2期目の消費税を免除される特例がある。

判断ポイント4

□許認可の要件をクリアしているか？

許認可事業によっては、許認可を得るために必要な資本金額が定められていることも。監督官庁に確認しておく。

おもな許認可事業	資本金など資金の要件
建設業	500万〜2000万円
労働者派遣事業	2000万円
有料職業紹介事業	500万円
貨物運送事業	開業に必要な資金の50%
旅客運送事業	開業に必要な資金の50%
旅行業	300万〜3000万円

keyword　法人住民税の均等割額　利益に関係なく、会社規模に応じて平等に負担する税金。

❻ 決算期（事業年度）

会社の経営状態を把握し、税額を確定するための会計上の区切りを事業年度という。4月1日から翌年3月31日までを1年とし、3月を決算期とする会社が多いが、1年以内であれば、自由に決められる。下に示したようなポイントを踏まえて、都合のよい事業年度を設定する。

◉ 4月1日〜3月31日の会社が多い

判断ポイント1　□ 初年度が短すぎないようにする

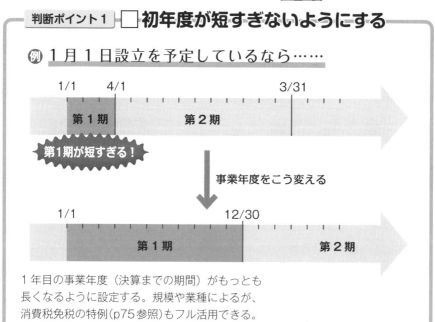

1年目の事業年度（決算までの期間）がもっとも長くなるように設定する。規模や業種によるが、消費税免税の特例(p75参照)もフル活用できる。

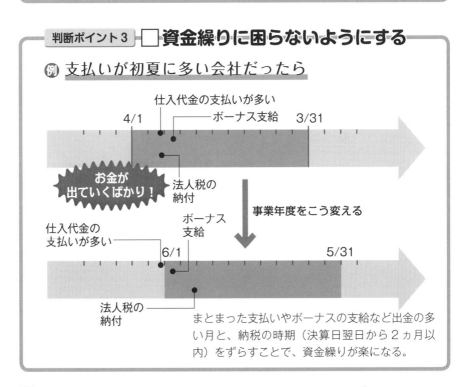

印鑑

手続きや設立後に必要。用途ごとに使い分ける

設立登記に欠かせない2つの実印

会社の実印(代表者印)

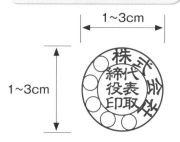

1〜3cm × 1〜3cm

会社の設立登記の申請と一緒に届け出て実印登録する。

いつ使う？
- 契約書
- 申告書のような法的文書　など

個人の実印

会社設立の手続きには、設立する人（発起人）個人の実印と印鑑証明書が必要。

いつ使う？
- 会社の設立手続き

商号が決まったら印鑑をつくる

ハンコ社会の日本では、会社設立の手続きにしても実務にしても、印鑑の存在が欠かせない。手続きに必要不可欠なのは、会社の実印と個人の実印の2つ。そのほか左ページのような用途別の印鑑も用意しておきたい。

専門店に依頼するほか、インターネットでも注文できる。印鑑ができあがるまで1週間くらいかかるので、会社名が決まった時点で、発注をしておこう。

Point

- 会社をつくるときには「会社の実印」と「個人の実印」の2つが必要。
- 会社の印鑑（実印、銀行印、角印など）をセットで注文しておくといい。
- 印鑑の押し方にも決まりがある。覚えておこう。

第3章 設立登記を申請。完了したら届出をする

覚えておきたい印鑑の押し方

契印

ページの継ぎ目に押し、改ざんを防ぐ。

割印

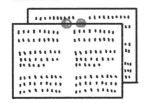

同一文書の両方にかかるように押し、同一であることを証明する。

捨印

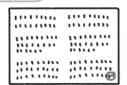

欄外に押し、訂正に備える。

消印

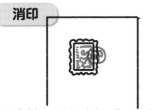

収入印紙にかかるように押し、再使用を防ぐ。

こんな印鑑も用意しよう

銀行印

金融機関に届け出た印鑑。金融機関とのやりとりで使う。

いつ使う？
- 口座開設や預金の出し入れ　など

角印(社判)

会社の認印のようなもの。日常業務での書類に用いる。

いつ使う？
- 請求書や注文書、領収書　など

ゴム印

〒151-0051
東京都渋谷区○丁目○番○号
株式会社○○○○
代表取締役　佐藤一郎
TEL 03-0000-0000

社名、所在地、代表者名、電話番号などの印鑑。パーツで分解できるものが便利。

いつ使う？
- 郵送物の宛名の記名代わり　など

定款の作成・認証

会社の「憲法」をつくり「認証」を受ける

定款認証までの4ステップ

1 定款をつくる

会社名や事業内容、出資金（資本金）などの基本事項をベースに、事業活動の基本的なルールを記載した「定款」という文書をつくる。

作成ルールに注意
定款の綴じ方や押印方法には決まりがある。専門家に依頼しない場合は、法務局のホームページなどで定款の作成方法や記載例をよく確認する。

記載するのはこんなこと

絶対的記載事項
必ず記載することは下の5つ。発行可能株式総数は登記申請までに決定すればよいが、定款に記載することが多い。

商号／事業目的／本店所在地／設立時の出資額／発起人の氏名、住所／（発行可能株式総数）

相対的記載事項
定めるなら定款に記載しないと効力のない項目。株式の譲渡制限、取締役の任期、現物出資(p60)に関する規定などがある。

任意的記載事項
書いても書かなくてもよい。事業年度、役員の員数、定時株主総会の開催時期など。いったん記載した内容の変更は手間がかかるため、盛り込みすぎには注意。

Point

- 会社の基本事項を記載した「定款」というルールブックを作成する。
- 定款は、公的に認めてもらうことで、はじめて効力を発揮する。
- 電子定款認証であれば、収入印紙代4万円はいらない。

専門家のサポートを受けると時間と手間が節約できる

国に憲法があるように、会社には会社のルールを定めた定款がある。会社設立の際には、この定款を作成して、公的に認めてもらう（認証）。それによってはじめて、定款が効力を発揮する。

定款の作成や認証の手続きは、自分でもできる。しかし専門家のサポートを受けると、時間や手間が省ける。

認証は公証役場で受けるが、紙に記載した定款ではなく、パソコン上で作成した電子定款なら、費用を抑えられる。

認証を受けたら、この定款を使って、会社登記の申請手続きに進むことになる。

第3章 設立登記を申請。完了したら届出をする

2 事前チェックを受ける

作成した定款を公証役場にメールで送り、誤りがないか公証人に事前確認してもらう。必ず、本店所在地を管轄する公証役場を利用する。

紙の定款の場合

3 公証役場で認証を受ける

公証役場へ定款3通を持参し、受理されると完了。認証を受けた定款（謄本）2通が返却される。

公証役場へ持参する物
- 定款3通
- 発起人（出資者）**全員の実印と印鑑証明書**
- 収入印紙4万円（電子定款の場合は不要）
- 現金5万円＋α（定款認証手数料が5万円、定款の写し（謄本）交付手数料が1枚250円×枚数分）
- 委任状（代理人がいる場合）

電子定款の場合

3 公証役場でデータなどを受け取る

公証役場へ行き、電子定款をプリントした「謄本」（定款の同一情報）2通を受け取る。

4 電子署名をして、オンライン申請する

公証役場へ定款3通を持参し、受理されると完了。認証を受けた定款（謄本）2通が返却される。

土・日・祝日はお休み！予約してから来てね

出資金（資本金）を振り込む

「定款認証」（p80）と「登記申請」（p84）の間に行うのが、出資金（これが資本金となる）の払い込み。会社設立に際して、発起人が出資額を正しく出資したことを証明するため、下のような手順を踏む。払込証明書用の通帳コピーをとった後なら、引き出して事業のために使ってOK。

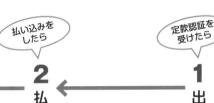

出資金の流れ

個人口座へ払い込み、設立後は法人口座へ

1 出資金を個人口座に払い込む
〈定款認証を受けたら〉

発起人代表者の個人口座に出資額のお金を払い込む（振込人の名前が記載されるようにする）。法人口座開設まで一時的に使うものなので、すでにある個人口座でいい。

Q 口座にもともと出資金が入っている場合は？
A 入出金履歴を残す必要があるため、出資額分を引き出して、あらためて払い込む。

2 払込証明書を作成する
〈払い込みをしたら〉

記帳した通帳の表紙、1ページ目、出資金の振込ページのコピーをとり、払い込みがあったことを証明する書面をつくる。

Q インターネットバンキングで通帳がない場合は？
A 口座名義・銀行名・支店名・口座番号・振込人・振込日・振込金額を同時に確認できる画面を印刷する（1画面に収まらない場合はひも付けが必要）。

Point
- 出資金は、定款認証後に、まず個人口座へ払い込む。
- いつ、誰が、いくら出資金を払い込んだか、証明する書類をつくる。
- 法人口座は会社を設立してからでないと開設できない。

第3章 設立登記を申請。完了したら届出をする

こんなケースは審査が通らないことも
- 資本金額が少なすぎる
- 本店所在地がバーチャルオフィス
- 代表者に事故情報がある　など

3 法人口座を開設する

（登記手続きが完了したら）

会社が設立されると、法人口座をつくることができる。開設には審査があり、2週間程度かかる。金融機関の選び方は91ページへ。

4 出資金を法人口座へ移す

（法人口座開設後）

個人口座から法人口座へ出資金を振り替える。法人口座開設時にいくらか仮で入金した場合は、差額分を振り替える。

法人口座開設前に引き出して使ったなら差額分を法人口座へ

口座開設手続きに必要なもの

- 履歴事項全部証明書（登記簿謄本）
- 代表者印の印鑑証明書
- 会社の銀行印
- 本人確認のできるもの（免許証など）

さらに追加の資料（定款や事業計画書、オフィスの賃貸契約書など）が必要なことも。

keyword 事故情報 信用情報機関に記録が残るネガティブな（破産した、返済が滞ったなどの）情報。

登記の申請・完了

登記が完了したら各種証明書を取得する

Point

- 会社設立希望日があるなら、その日に登記を申請する。
- 申請後、完了予定日までに連絡がなければ、無事に登記が完了したことになる。
- 登記が完了すると、会社の基本情報が公開情報となる。

登記完了までの3ステップ

1 必要な書類を準備する

用意するのはこんな書類
(◎のないものは必要に応じて準備する)

◎株式会社設立登記申請書
◎登録免許税納付用台紙（登録免許税は資本金額の10000分の7（15万円未満の場合は15万円）。その額の収入印紙か、現金納付した領収証書
◎定款（認証を受けた謄本）
　発起人の同意書
　代表取締役を選出したことを証する書面
◎役員の就任承諾書
◎役員の印鑑証明書
　本人確認証明書（取締役会や監査役を設置する場合）
　調査報告書、付属書類（現物出資がある場合）
◎払い込みを証する書面
　資本金の額の計上に関する証明書
　委任状（代理人が申請する場合）
◎ CD-R（登記する事項を記録）
◎印鑑届出書

会社の設立まであと一歩

出資金の払い込みがすべて終わったら、そこから2週間以内に、法務局で会社設立登記の申請を行う。

登記に必要な書類は、上にあげたように、じつに多い。書類をとりよせたり、必要事項を記入する、印鑑を押すなどの煩雑な作業は、慣れないと間違いや不備が残ることも。無理をせずに、プロに任せると安心だ。不備がなければ、3〜7日で登記が完了する。

第3章 設立登記を申請。完了したら届出をする

2 法務局に申請する ← 申請日が会社の誕生日

管轄の法務局で
準備ができたら、本店所在地を管轄している法務局に書類を提出。提出日（郵送の場合は到着日）が会社の設立日となる。なお、土・日・祝日は休み。

オンラインで
専用のソフトウェアを利用して申請書情報を作成し、法務省の「登記・供託オンライン申請システム」に送信する方法も。登記完了もオンラインで確認できる。

3 不備がなければ完了

書類に不備があると法務局から補正の連絡がある。指示に従い対処する。場合によっては再申請が必要（その場合は再申請日が会社設立日となる）。登記完了予定日までに連絡がなければ登記完了となる。

> 便りがないのは良い知らせ！

> **登記が完了したら、証明書を取ろう**
> 登記が完了すると、登記簿謄本、（会社の）印鑑証明書、印鑑カードを取得できるようになる。法人口座の開設、税金や保険関連の届出、賃貸契約などで必要になる。すみやかに取得しよう（p86参照）

登記されると公開される情報
- 商号
- 事業の目的
- 本店所在地
- 資本金額
- 発行可能株式総数
- 代表者の氏名、住所 など

会社設立後、登記事項に変更があったら、すみやかに変更手続きを行う。役員の重任（任期満了による再任）でも変更登記は必要。忘れずに。

> オンラインでも申請できるんだ

登記後の手続き

役所へ届出を行い、会社設立を報告する

証明書の取得方法

☐ 法務局へ行く
法務局で申請して受け取る方法と、オンラインで申請し、郵送か窓口で受け取る方法がある。全国どこの法務局でもOK。

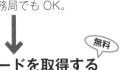
代表者印を忘れずに！

↓

☐ 印鑑カードを取得する
（無料）

申請用紙に記入し、代表者印を押して提出。カードが交付される。

↓

☐ 登記事項証明書（履歴事項証明書）を取得
1通600円

☐ 印鑑証明書を取得
1通450円

登記内容を公的に証明するのが「登記事項証明書」で、会社の代表者印を証明するのが「印鑑証明書」。窓口で申請するほか、法務局内の発行請求機で取得することもできる（印鑑カードが必要）。

法務省 オンラインによる登記事項証明書及び印鑑証明書の交付請求について
http://www.moj.go.jp/MINJI/minji71.html

会社誕生の出生届のようなもの

赤ちゃんが生まれたら役所に出生届を出すように、登記後は、会社の誕生を諸官庁に届け出て、一企業としての社会的な体制を整える必要がある。

届出には、登記事項証明書をはじめ、多くの書類が必要。なかには提出期間が短いものもある。いつまでに何が何枚必要か、よく確認を。証明書を取得したら、早めに会社名義の銀行口座も開設しておこう（83ページ）。

Point

- 登記が完了したら、「証明書」を交付してもらうことができる。
- 証明書は、諸官庁や銀行などでの手続きに使用する。
- 必要な証明書とその枚数を確認してまとめて取得しておくといい。

会社ができたら
まず報告！

税金に関する手続き

本店所在地を管轄する税務署に、国税に関する届出を行う（郵送でもOK）。届出書類は各税務署か国税庁ホームページで入手できる。

国税庁　税務手続の案内
https://www.nta.go.jp/tetsuzuki/shinsei/annai/yousiki.htm

☐ **法人設立届出書**
　➡ 会社設立日から2ヵ月以内

添付書類は会社によって異なる。定款のコピー／登記事項証明書／株主名簿／設立時貸借対照表／設立趣意書など。

以下は必要に応じて

☐ **青色申告の承認申請書**
　➡ 会社設立日から3ヵ月以内か、最初の事業年度終了日のいずれか早いほうの前日まで

青色申告には、欠損金（赤字）の繰越など税制上の優遇措置が多い。

☐ **給与支払事務所等の開設届出書**
　➡ 会社設立日から1ヵ月以内

従業員がいなくても、役員報酬が発生する場合は届出が必要。

☐ **源泉所得税の納期の特例の承認に関する申請書**
　➡ 特例を受ける月の前月末日まで

従業員が10人未満の場合、源泉所得税を半年分まとめて納付することができる。

ほかにこんなものも

☐ 棚卸資産の評価方法の届出書
☐ 減価償却資産の償却方法の届出書
☐ 有価証券の一単位当たりの帳簿価額の算出方法の届出書

地方税に関する届出を行う。それぞれ、本店所在地を管轄する税事務所、役場に提出する。

☐ **法人設立届出書**（都道府県と市町村それぞれに。東京23区内は都税事務所のみでOK）
　➡ 自治体によって異なる
　　（会社設立日から1ヵ月以内が一般的）。

添付書類は自治体や会社によって異なる。定款のコピーや登記事項証明書など。

第3章　設立登記を申請。完了したら届出をする

社会保険に関する手続き

社長1人の会社でも必要！

本店所在地を管轄する年金事務所で、健康保険や厚生年金保険の加入手続きなどを行う。

日本年金機構
健康保険・厚生年金保険適用関係届書・申請書一覧
http://www.nenkin.go.jp/shinsei/ichiran.html

☐ **健康保険・厚生年金保険新規適用届**
➡ 会社設立日から5日以内

☐ **健康保険・厚生年金保険被保険者資格取得届**
➡ 被保険者の資格取得から5日以内

☐ **健康保険被扶養者（異動）届**
➡ 被保険者の資格取得から5日以内

社長1人だけの会社でも、健康保険、厚生年金保険、介護保険（40歳以上）は強制加入となる。届出書類を年金事務所でもらう際に、必要な添付書類（登記事項証明書／被保険者の年金手帳のコピーなど）を確認しておく。

こんなにたくさんの手続きがあるんだね

労務に関わる届けも忘れずに

会社を設立したら、社会保険に加入することが義務になる。社会保険は、健康保険、厚生年金保険、介護保険を総称したもの。

たとえ社長1人だけの会社でも、社会保険の手続きは必要。会社設立後5日以内に、会社の住所を管轄する年金事務所に、必要な書類を届け出る。

従業員が1人でもいる場合は、労働保険の届出も必要。

こちらは、所轄の労働基準監督署とハローワークに必要書類を提出する。

提出書類については、どちらも窓口で詳しく教えてくれるが、心配なら専門家に頼んでもいい。

> 従業員を採用したら行う

労働保険に関する手続き

GO! 労働基準監督署

パートやアルバイトであっても従業員を1人でも採用したら、管轄の労働基準監督署で労災保険の加入手続きなどを行う。

厚生労働省　労働保険関係各種様式
http://www.mhlw.go.jp/bunya/roudoukijun/roudouhoken01/yousiki.html

☐ **労働保険 保険関係成立届**
➡ 最初の従業員を雇った日から10日以内

☐ **労働保険 概算保険料申告書**
➡ 従業員を雇った日から50日以内

必要な添付書類は登記事項証明書など。概算保険料の申告と合わせて、その年度の保険料を前払いする（納付も50日以内）。

GO! ハローワーク（公共職業安定所）

労働保険の加入手続きが済んだら、雇用保険の加入手続きなどを行う（パート・アルバイトも、所定の労働時間・日数を満たせば加入が必要）。

ハローワークインターネットサービス　雇用保険手続支援
https://www.hellowork.go.jp/application/app_guide.html

☐ **雇用保険適用事業所設置届**
➡ 最初の従業員を雇った日から10日以内

☐ **雇用保険被保険者資格取得届**
➡ 従業員を雇った翌月10日まで

必要な添付書類は、労働保険 保険関係成立届の控え／登記事項証明書／雇用保険被保険者証など。

> 届出書類は必ず2部提出します

役所に提出する書類は2部（コピーでもOK）提出すると、受付印を押された1部が返却される。法人口座の開設や許認可手続きなどで必要なことがあるため、会社の控えとして大切に保管しよう。

Case_01

似た名前の社名がないか、どうやって調べたらいいですか？

他社と同じ社名はNGだと聞きましたし、同じ社名はつけたくありません。インターネットで検索すれば十分ですか？

疑問や不安を解決！

ケーススタディ 設立手続き、届出編

Answer

法務局などのサービスを利用して類似商号や商標がないか調べましょう

同一商号や類似商号の場合、登記はできても、会社法や商標法上の理由で使えないケースがあります。場合によっては使用の差し止めや損害賠償を請求されることも。ネット検索に加え、下のような方法で調べてみましょう。

ポイント1　管轄法務局で調べる　無料

本店所在地を管轄する法務局（商業登記所）に設置されている専用端末を使って調査することができる。

ポイント2　オンライン登記情報検索サービスで調べる　検索だけなら無料

法務省「登記・供託オンライン申請システム」
https://www.touki-kyoutaku-online.moj.go.jp/
のオンライン検索を利用して調査する。

ポイント3　特許情報プラットフォームで調べる　無料

特許・実用新案、意匠、商標などについては
https://www.j-platpat.inpit.go.jp/web/all/top/BTmTopPage
の検索サービスで調べられる。

Case_02
会社のメインバンクはどうやって選べばいいの？

やっぱり誰でも知っている都銀がベスト？ どんな銀行をメインバンクにするといいのでしょうか？

Answer
会社の規模や使い勝手のよさで、1〜2行選ぶのがおすすめです

取引先の意向や、利用の仕方に応じて、使い勝手のいいところを選びます。取引の手軽さ、融資の受けやすさなど、メリットに応じて1〜2行選ぶといいでしょう。

都市銀行
大都市に本店があり、全国各地に支店がある。大企業から個人まで幅広く取引するうえ、国際業務も。

地方銀行、第二地方銀行
各都道府県に本店があり、その地域を中心に営業（支店は各地にある）。地元の中小企業などがメイン。

信用金庫、信用組合
中小企業や地域住民に向けた地域密着型の金融機関。利益第一主義ではなく、地域の発展を目指す。

ネットバンク
インターネットでサービスを提供する銀行。手数料は安いところが多い。自宅で取引できるメリットがある。

Case_03
事務所を移転することになりました。どんな手続きが必要ですか？

従業員が増えてオフィスが手狭になったため、事務所の移転を考えています。本店所在地を変更するにはどうしたらいいの……？

Answer
変更登記をして各所へ届出をします。場合によっては定款の変更も

管轄の法務局へ登記の変更を申請し、税務署などの行政機関へ変更を届け出ます。定款の記載方法と移転先によっては、定款変更が必要な場合も。ほかに、電気水道をはじめ、各種契約の切り替えや、郵便局の「転居・転送サービス」の申し込みも忘れずにしましょう。

定款を変更する

株主総会を開き、定款の本店所在地変更を決議する。ただし、定款の記載が「最小行政区画」までで、その区画内への移転なら、定款変更は不要。

法務局へ変更登記を申請する

登記申請書などの書類を準備し、移転前の管轄法務局へ申請。管轄外へ移転する場合は、移転先への申請分も合わせて2部提出する。本店移転の登録免許税は同管轄内なら3万円、管轄外なら倍の6万円かかる。

行政機関などへ届出をする

税務署、年金事務所、都道府県税事務所、市町村役場、従業員がいるなら労働基準監督署、ハローワークなどへ届出をする。必要な提出書類や届出先（移転前後どちらの管轄先か、両方か）はそれぞれ。事前に確認しておくといい。

第4章

スムーズな会社運営のコツを知る

設立当初にやること編

会社の設立後、開業までに決めることや準備することは、盛りだくさん。スタートでつまずかないよう、ポイントを押さえましょう

オレがルール！は世の中に通用しない

営業上のルールや働き方のルールを決める

運営のルール

経営方針を念頭に決めていく

営業時間や価格、就業規則といった運営ルールを決めるときは、経営方針と照らし合わせて考えるとぶれが出ない。

決めたルールをきちんと守ることが大切

事業を始めるにあたっては、営業時間や料金設定、接客マニュアルなど、営業上のルールを決めておく必要がある。就業時間や給与、有給休暇など、労働に関わるルールづくりも必須だ。

名刺や、会社のホームページ作成時に必要な情報もあるので、早めに決めておく。ただし、つくったルールを守らないと、お客様や取引先、従業員などから信用を失う。決定には慎重さも必要だ。

Point

- 円滑に取引をするために、営業時間や支払日といったルールを決める。
- 従業員の意欲向上や労使間トラブルを防ぐため、就業規則を作成する。
- 気まぐれなルール変更は、信用を失うことに。

大きく2つのルールが必要

営業上のルール　実際の開業前に、営業時間や定休日など、取引先やお客様にも影響のある基本的なルールを決めておく。

営業日・営業時間

取引先と仕事をしやすい営業日時、お客様が来店しやすい営業日時を設定。「○時○分～○時○分」と分単位で決める。定休日が祝祭日の場合や、夏期・年末年始などの長期休暇についても検討する。

従業員の労働時間にも影響します。就業規則と合わせて考えて

料金設定

商品やサービスの価格表を作成する。

仕入先などへの支払条件

代金は、その場で払うとはかぎらない。後日代金をまとめて支払う「掛取引」(p126) も多い。請求書の締め日、代金の支払方法（現金、銀行振り込みなど）や支払期日を決める。

働き方のルール　従業員数が10人以上の場合、就業規則の作成と労働基準監督署への届出が義務づけられている。数名の会社でも、労働基準法の範囲内で社内ルールを作成する。

始業・終業時間（休憩時間）

法定労働時間は1週間で40時間以内、1日8時間以内（休憩時間は除く）。この範囲内で検討する。※業種によって特例措置あり。

休憩時間

連続労働が6時間を超えるなら45分、8時間を超えるなら1時間以上の休憩時間が必要。

休日

1週間につき1日以上、または4週間を通じて4日以上必要。また、入社6ヵ月以降は、勤続期間に応じた有給休暇を与える。

給与（報酬）

賃金や各種手当、支払日、交通費の支給限度額などを決める。最低賃金法に反していないかも確認を。

厚生労働省　事業主の方へ（モデル就業規則や最低賃金制度について）
http://www.mhlw.go.jp/stf/seisakunitsuite/bunya/koyou_roudou/roudoukijun/zigyonushi/

keyword 労働基準法　「労働者が人たるに値する生活を営むため」に最低限守らなくてはならない労働条件が定められている法律。労働者の権利を守る。

開業準備

オープンに向けて同時並行で準備を進める

店舗・オフィス・設備

- ☐ 契約を締結する
- ☐ 内装工事を行う
- ☐ 電気・ガス・水道を手配する
- ☐ 電話・FAX・OA機器を設置する
- ☐ 設備機器を発注する
- ☐ 設備機器を搬入する
- ☐ 商品の陳列やディスプレイを行う

> 仮契約や個人契約だった場合は、法人契約に切り替える(p71)。

> 購入だけでなく、リースやレンタルなどの方法も(p33)。

ビジネスツール

- ☐ 名刺や封筒などを用意する
- ☐ 会社案内を作成する
- ☐ カタログなどを作成する
- ☐ 伝票を用意する
- ☐ 取引書類を準備する(p100)

> 社章やロゴを入れたり、テーマカラーで統一するなど、事業イメージを定着させる工夫もできる。

> 市販のものを利用するほか、フォーマットを利用して自作できる。使用頻度が高く、オリジナリティを出すなら印刷業者に依頼しても。

従業員

- ☐ 人員計画を確定する
- ☐ 労働条件を明確にする
- ☐ 募集する
- ☐ 採用する
- ☐ 必要な教育を行う

> 一度雇ったら、簡単には解雇できない。慎重に計画して最低限の人員からスタート(p37)。

Point

- 🐾 開業日までにやることは盛りだくさん。モレのないよう to do リストを作成するといい。
- 🐾 やることに期限を決め、具体的な行動計画(p34)を立てる。
- 🐾 挨拶回りのリストもつくっておく。

広告・宣伝

- ☐ ホームページ
- ☐ ブログ
- ☐ SNS
- ☐ メルマガ
- ☐ ダイレクトメール
- ☐ チラシ　など

> お客様にとって、ホームページは相手を判断する材料のひとつ。問い合わせや取引窓口としてだけでなく、広告宣伝、信用獲得のためにも作成するといい。

> ホームページ制作費を助成してくれる自治体も（p53）。調べてみては？

広告・宣伝

- ☐ 開業パーティ
- ☐ オープニングキャンペーン
- ☐ お客様への記念品準備　など
- ☐ 開業の挨拶状
  （郵送、Eメール、SNSも）
- ☐ 挨拶回り

> 開業時ならではの営業活動で、自社を印象づけ、事業の立ち上げをスムーズにする。

> 会社の連絡先と、いつから、どこで、何を始めるのか、事業の概要を伝える。

リスト作成でモレを防ぐ
- ●仕事でお世話になった人
  （同僚、上司、取引先）
- ●開業のサポートをしてくれた人
- ●近所の人
- ●プライベートの友人、知人
  （同級生、恩師、先輩、後輩）
- ●親族　など

応援してくれる人を増やすためにも、挨拶回りは大切。ただし、相手の迷惑にならないような配慮を心掛けて。

第4章　スムーズな会社運営のコツを知る

取引の流れとおもな書類 (p126も参照)

見積もりを提示する
購入の申し込みや仕事の依頼があったら、商品やサービスの内容、金額、条件などを記した見積書を出す。

見積書　自社 → 取引先

契約を交わす
契約書を交わさずに仕事を始めることも珍しくない。しかし、双方が取引条件や金額等に合意した証拠。トラブルを防ぐためには重要。

契約書　自社 ⇔ 取引先

商品などを納める
内容、数量を記した納品書と一緒に商品などを納める。受取印の受領を忘れずに（発送業者が代行する場合も）。

納品書　自社 → 取引先

代金を請求する
代金の支払いを求める請求書を発行し、相手に届ける。「信書」になるため、郵便で送る。

請求書　自社 → 取引先

代金が入金される
代金を受け取った証明として、領収書を渡す（振り込みの場合は不要）。取引先から求められたら必ず発行する。

領収書　自社 → 取引先

取引書類

取引内容を記録。一定期間は適切に保管する

Point

- 取引書類には、取引の内容を記録してトラブルを防ぐ役割がある。
- 書類それぞれに、法律で定められた保存期間がある。
- 誰でも取り出せるように一定のルールで整理して、保管する。

取引書類は捨てない、なくさない

書類管理ポイント1 2部作成し、1部は保管する

取引先へ渡す書類の控えが手元にあると、問い合わせに対してすみやかに確認、対応できる。

 書類管理ポイント2 わかりやすく整理する

年度ごとに、日付順にファイリングするのが基本。書類の種類、相手先、処理済み／未処理などで管理し、誰でもすぐ取り出せるようにする。

 書類管理ポイント3 法律で定められた期間は保存する

取引書類は税務調査の際、必要になることも。法律で定められている保存期間を踏まえて、社内の保管ルール、廃棄時期や方法を決めておく。各種文書の保存期間はp116へ。

「いつ、誰と、どんな取引をしたか」証拠を残す

取引が決まると、相手と数多くの書類を取り交わすことになる。いつ、どんな取引をしたのか証明する取引書類は、トラブル防止や会計管理に欠かせないもの。

開業前に、見積書や契約書など、頻繁に使用する書類の雛型を用意しておく。市販のもののほか、無料の雛型などを利用して自作してもいい。

取引に関する書類は、保存期間が法律で義務づけられているものも多い。

保管ルールを決めて、すぐに取り出せるよう整理して、なくしたり処分したりしないよう、適切にスクラップしておこう。

請求金額を明記して代金の支払いを依頼する

書類に注目！ 請求書

請求しないと回収できないことも

納品した商品やサービスの代金請求は、口頭でも可能だが、トラブルを防ぐために「請求書」を発行する会社が多い。請求ルールは企業によって異なり、原本郵送が必要な会社もあれば、メールでOKな会社も。事前によく確認を。

請求書を渡す

封筒に入れて、手渡しや郵送する（信書扱いのため、宅配便は使用不可）。メールで送る場合は、改ざんを防ぐためにも、PDFなどの画像データに変換して送る。

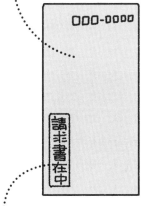

請求書以外の書類は同封しない。

「請求書在中」などのゴム印を押す。

> 支払日までに入金がなかったら

再度、請求する

電話やメールで、入金が確認できないことを伝え、支払いを促す。新たな入金予定日を決めて、再度、請求書を送る。未払いが続くときは、法的手続きに移行することも。

> 詳しくはp156へ

取引の最初に請求や支払いの方法を確認します

Point

請求書を受け取ったときは

- 🐾 取引先ごと、月ごとなどにまとめてファイリングし、期日までにモレなく支払う。
- 🐾 未入金の請求書と入金済の請求書は、ひと目で区別できるように保管する。

第4章 スムーズな会社運営のコツを知る

請求金額はわかりやすく、目立つようにする。

個人宛に出すなら、「御中」ではなく「様」をつける。

管理しやすいよう、請求書の通し番号（管理番号）を入れる。請求書の発行日を記入する。

請求書

請求書番号:100-0012
発行日:20××年×月×日

□□□株式会社　経理部御中

〒101-0064
東京都千代田区猿楽町○丁目○番○号
株式会社○○○○
TEL:03-9999-9999
E-mail:xxxx@xxxx.jp

印

下記の通りご請求申し上げます。

ご請求金額(消費税込)　￥129,600-

月	日	品名	数量	単価	金額
		×××	150	400	60,000
		×△×	200	300	60,000

	小計	￥120,000
	消費税	￥9,600
	合計	￥129,600

振込先、支払期日を明記する。

【お振込先】
○○銀行　○○支店
普通預金　0000000
口座名義　株式会社○○○○

※お振込手数料はお客さまにてご負担をお願いいたします。

【備考】
お支払期日
20XX年6月X日

請求者と支払者のどちらが振込手数料を負担するのか、事前に確認して記しておく。

納品日、品名（品番）、数量、単価などの明細を記入する。内訳は記さず、まとめて記載するケースも。

書類に注目！ 領収書

代金を支払ったことを証明する

経理の重要書類のひとつ

代金を支払ったことを証明する書類が「領収書」。何に、いくら使ったのか、会社のお金の流れを正確に記録するためにも重要。忘れずに受け取って保管する。一方、代金を受け取ったときに取引先へ渡すための（自社発行用の）領収書も用意しておく。

Point

領収書を受け取ったときは？

- 宛名、金額などに間違いがないか確認する。
- 記載金額が5万円以上の場合は、収入印紙が貼られているか確認する。

領収書の代わりになるもの

- **レシート** 領収書より情報量が多く、証拠能力も高い。感熱紙のレシートは時間の経過で文字が薄れるため、コピーをとるなどの対策を。
- **金融機関の振込依頼書、払込受領書**
- **クレジットカードの利用明細書** など

電車代とか、香典代とか、領収書がない場合はどうするの？

出金伝票をつくり、日付、支払先、何のために、いくら支払ったのか明記します。お香典なら会葬礼状など、証拠になるものもセットで保管しましょう

受け取って大切に保管します

宛名は会社の正式名称を記入する。「上様」は使わない。

後で管理しやすいよう、領収書の通し番号を入れておく。領収書の発行日（代金の支払いがあった日）を記入する。

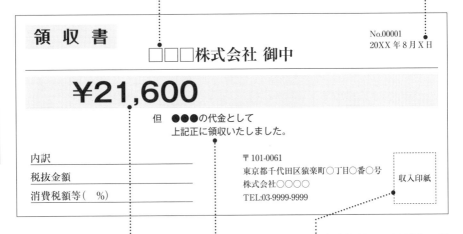

3桁ごとにカンマをつける。¥や一を入れ、金額の頭や最後に空白をつくらない。

お品代などはなるべく避け、何に対する支払いなのか具体的に記す。

領収金額が5万円以上の場合、金額に応じた収入印紙を貼り、消印（p79）を押す。

5万円以上の領収書には印紙税がかかる

領収書は、税金（印紙税）がかかる「課税文書」のひとつ。印紙税額は領収金額に応じて決まる。郵便局などで収入印紙を購入して、領収書に貼付する。

印紙忘れは罰金が科せられることもあるんだ

領収金額	いくらの収入印紙を貼る？
5万円未満	非課税
5万円以上～100万円以下	200円
100万円超～200万円以下	400円
200万円超～300万円以下	600円
300万円超～500万円以下	1000円
500万円超～1000万円以下	2000円

※内消費税額の明記がある場合、税抜金額で印紙税額を判断してOK。

keyword　課税文書　領収書や契約書など、法律で定められている一定の文書で、作成した場合に税金が課せられる。課税額は取引金額などによって異なる。

契約書

お互いに守るべき約束事を取り交わす

スキのない契約書でトラブル防止

法律上は、口頭（口約束）でもメールでも、契約は成立するが、いった、いわないなどのトラブルを防ぐには「契約書」を交わすと心強い。「賃貸借契約書」「取引基本契約書」「金銭消費貸借契約書」など、さまざまな契約書がある。

契約書を交わす流れ

❶ 草案（ドラフト）をつくり、契約内容を確認する

契約前に、双方で契約内容を確認する。相手が作成する場合は、草案をもらい隅々まで確認。自社が作成する場合は、草案を渡し確認してもらう。いずれも、内容が法的に妥当か、自社にリスクがないか、弁護士などの専門家に確認してもらうと安心。

Point
- □ 合意内容が、すべて盛り込まれているか？
- □ 自社に不利な内容はないか？
- □ 不測の事態に備えた記載はあるか？　など

❷ 不明点、疑問点を確認して内容をすり合わせる

自社にとって不利な内容は、変更を依頼する。ただ、自分にとって不利な内容は、相手にとって有利な内容。主張するだけではなく、お互いに妥協できる落としどころを見つける。

❸ 契約書を2通作成し、各社1通ずつ保管する

契約書が完成したら、同じものを2通用意して、それぞれに記名（署名）・押印する。1通は相手、1通は自社で保管する。日付順、顧客名順など、わかりやすくファイリングしておく。

権利や義務を明文化してトラブルを防ぎます

契約書の構造

契約内容に応じて必要があれば「収入印紙」を貼り、消印（p79）を押す。

ひと目で内容がわかる表題（タイトル）をつける。

複数作成した文書が同一文書であることを示すために、割印（p79）を押す。

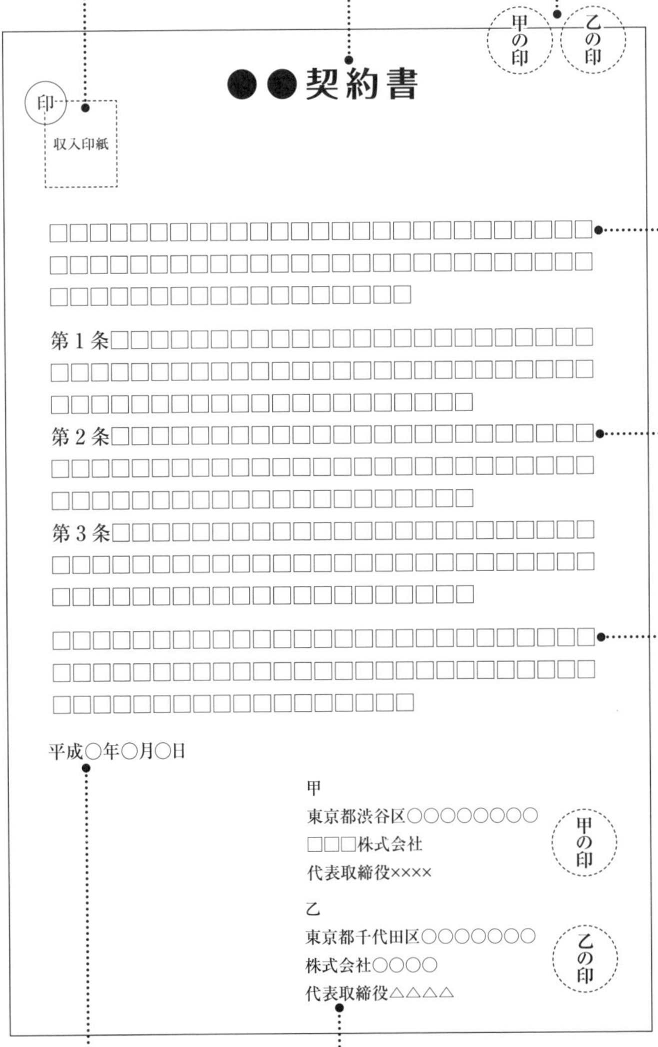

●●契約書

前文として、契約書の目的などを要約して記す。省略してもOK。

第1条……

第2条……

契約の中心となる内容から、順番に記載する（p108へ）。

第3条……

後文として、合意した旨を記し、作成した通数を記載する。

平成○年○月○日

甲
東京都渋谷区○○○○○○○○
□□□株式会社
代表取締役××××

乙
東京都千代田区○○○○○○○
株式会社○○○○
代表取締役△△△△

契約書を作成した日を記す。

両者の本店所在地の住所と商号（会社名）、代表者名を記し、押印する。

第4章 スムーズな会社運営のコツを知る

keyword 収入印紙 行政に手数料（印紙税）を支払うとき使う証票。切手のような形状で、郵便局やコンビニエンスストアなどで購入できる。どんなときに、いくら必要かは、印紙税法で定められている。

契約書文面のチェックポイント

契約書を作成するのに、書籍やWEBの雛型を使ってもいいの?

はい。ただ、雛型をそのまま使うのはいけませんよ

雛型は、業種やその会社の特殊性には対応していないうえ、曖昧な表記や一方に有利な形になっていることも。できれば弁護士のチェックを受け、必ず自社用にカスタマイズして使用する。

業務委託契約書

委託者□□□株式会社(以下「甲」という)は、受託者〇〇〇〇株式会社(以下「乙」という)に対し、次の通り業務の委託契約を締結する。

第1条(本契約の目的) 本契約は、甲が乙に対し第2条に記した業務を委託し、乙がこれを引き受けることを目的とする。

第2条(委託業務の内容) 委託業務は、以下の範囲における清掃業務とする。

〇〇〇株式会社　本社フロア(××部分は除く)

2　業務に必要となる器材等は、すべて乙が用意するものとする。

第3条(委託期間) 委託期間は、平成〇年〇月〇日から平成〇年〇月〇日までとする。ただし、期間満了に際し、当事者協議のうえ更新ができる。

第4条(委託料支払い方法) 委託料は、月額〇万円とし、甲は乙に対し、翌月までに委託料を送金することとする。

第5条(報告義務) 乙は、甲が要求するときはいつでも、委託された業務に関して、その情報を報告しなければならない。

支払い金額、期日、支払い方法、支払い条件などを明確にする。税込かどうか、手数料はどちらが負担するかなど、細かくチェック。

一方を「甲」、一方を「乙」と表記するのが一般的。甲乙が逆転していないか、単純ミスがないか確認する。

業務内容、期間、範囲などを的確に記載する。せっかく契約を交わしても、不明瞭な記載で双方の認識にズレがあるとトラブルに。

秘密保持と、それに違反した場合の賠償請求についてなど、不測の事態に備えた条項を記載する。

第6条（秘密保持） 乙は、本契約に関して知りえた内容を一切、第三者に開示または漏洩してはならない。
2　前項については、本契約有効期間中のみならず、本契約終了後も甲の事前の承諾を得ることなく、第三者に漏洩しないものとする。
3　乙がこれに違反したときは、甲は何らの催告もせずただちに本契約を解除することができる。
4　前項の場合においては、甲は被った損害の賠償を請求することができる。
第7条（合意管轄） 本契約から発生する一切の紛争の第一審の管轄裁判所を、甲の住所地を管轄する裁判所とする。
第8条（協議） 本契約に定めのない事項については、甲乙協議のうえ、別途、定めるものとする。

　契約成立の証として、本書を二通作成し、甲乙記名押印のうえ、各一通を保有することとする。

平成○年○月○日

甲
東京都渋谷区○○○○○○○
□□□株式会社　　　　　　　㊞
代表取締役××××

乙
東京都千代田区○○○○○○○
株式会社○○○○　　　　　　㊞
代表取締役△△△△

条文を修正していくうちに、条項番号などがズレることも。隅々まできちんと確認する。

第4章　スムーズな会社運営のコツを知る

Point

「もしも」に備えて、リスク回避の条項を

契約は、必ず履行されるとはかぎらない。契約書では、契約解除をはじめとし、不測の事態が起こった場合を想定して、リスクを回避する条項を入れるようにする。

取引リスク
- どんなときに賠償をするか、いくらの賠償か
- どんなときに契約を解除（なかったことにする）できるか
- どんなときに契約を解約（以後、効力をなくす）できるか　など

目的物リスク
- 目的物に瑕疵があったら、どちらが責任を負うのか
- 災害などで目的物が滅失したらどうするのか　など

支払いリスク
- 保証金の支払い、連帯保証をつけるか
- 支払い忘れがあったらどうするか　など

法律の基本

事業に応じた法律知識で「ついうっかり」を防ぐ

「知らなかった」は通じない

専門家でもないのに、どうして法律知識が必要なの？

どんな会社でも、ついうっかりでも、法律に違反したら罰則があるし、会社の信用も失います。

こんなトラブルが起こるかも

従業員からの訴え
残業しているのに、残業代が未払いだ！

お客様からの訴え
宣伝にだまされた。誇大広告じゃないか！

ライバル社からの訴え
この商品は、ウチの商品のパクリだ！

Point
- 会社の運営には、さまざまな法律が関わっている。
- 法律に違反すると事業停止になったり、罰則を科せられたりすることも。
- 行う事業に関する法律（業法）について、ひと通り確認しておく。

法律違反は、お金も信頼もお客も失う

いくら小さいとはいえ、会社として事業を行うかぎり、最低限求められるのは、コンプライアンス、つまり法律や社会的な通念を守ることだ。コンプライアンスを気にしない経営者は、さまざまなトラブルに見舞われてしまう。

会社が法律の対象外であっても、注意が必要。たとえば個人情報保護法の対象にあてはまらなくても、情報をいいかげんに扱えば、社会的な信用をなくしてしまう。

経営者が知っておきたい法律

分類	法律	説明
会社の基本	会社法	会社の設立・解散、機関設計、株主や社員の権利義務など、会社組織の基本ルールを定めている。
取引に関する	民法	法人も含めて、売買、契約、消費貸借、請負、保証、債権など、取引に関する規定を広く定めている。
取引に関する	商法	商売について定めている法律。民法よりも商慣習が、商慣習よりも商法が優先されるのが一般的。
取引に関する	独占禁止法	会社間の公正で自由な競争を促し、自由に活動できるよう規定を定めている。違反行為は、公正取引委員会が取り締まりを行う。
業種に応じて必要	特定商取引法	通信販売やインターネット販売、訪問販売、電話勧誘などを行う事業者を規制し、消費者を保護する。
業種に応じて必要	個人情報保護法	特定の個人を識別できる情報の保護を目的としている。一定以上の個人情報を取り扱う事業者に対し、管理ルールを定めている。
業種に応じて必要	食品衛生法	食品の安全性を確保するために、施設や食品、添加物、器具、容器包装などの衛生面について定めている。
業種に応じて必要	PL法（製造物責任法）	会社がつくる製品の欠陥などで被害が生じた場合、製造業者などに損害賠償責任を負わせる法律。
従業員に関する	労働基準法	最低限守るべき労働に関するルールを定めている。国家公務員などの一部を除き、すべての労働者に原則適用される。
知的財産権に関する	商標法／意匠法	商標法は商品やサービスなどを示すマーク（商標）について、意匠法は製品などのデザイン（意匠）についての権利を定めている。
税金に関する	法人税法	会社の所得に課せられる税金（法人税）について定めている。税率や計算方法など、改正されることも多いので、要確認を。

第4章 スムーズな会社運営のコツを知る

従業員を雇う
必要な人材像と労働条件を決める

ほしいのはどんな人？

どんな人に、何をしてもらいたいのか、具体的にしましょう

どんな人柄？
笑顔で接客ができる／自然に気配りができる／真面目／周囲を明るくするなど。

どんな能力？
調理師免許がある／○○経験がある／○○を正確にできるなど。

どんな働き方？
正社員／臨時社員（アルバイト、パートタイマー、契約社員、派遣社員）など。

いくらで？
給料のほか、社会保険料などのコストも考慮。相場より安いと優秀な人材は集めにくい。

「優秀」ではなく「自社に必要」な人を雇う

会社の経費で大きな割合を占めているのが、人件費。人を雇うにはお金がかかり、一度雇ったら、簡単には解雇できないだけに、雇用は慎重に行おう。

人材が必要と思われる場合、どのような仕事をどのような人にやってほしいか、会社にとってのニーズを、あらかじめよく考えて募集する。そして、学歴などではなく、そのニーズに合っているかどうかを、採用基準にする。

Point
- 募集前に「どんな人に」「いつからいつまでの期間に」「何をしてほしいのか」明確にしておく。
- 雇用条件や就業規則を整えておく。
- コストや事業内容に見合った募集や選考を行う。

求人〜採用の流れ

第4章 スムーズな会社運営のコツを知る

募集する
募集前に、どんな人を何人採用するか明確にし（右参照）、雇用条件、就業規則（p97）を整える。採用にかかる費用を考慮しつつ、希望人材の獲得に適した方法で募集する。

募集方法
- 紹介募集を利用する（知人の紹介、ハローワーク、人材紹介会社、学校）
- 求人広告を出す（自社のホームページ、求人情報誌、就職・転職サイト）など

選考する
接客業であれば面接を重視するなど、期待する人材かどうかを見極めるのに適した方法で選考する。あらかじめ評価基準を決めておくと、スムーズ。

選考方法
- 書類審査（履歴書などで、基本的な応募条件を満たしているか確認する）
- 筆記試験（知識や能力を確認する）
- 面接試験（コミュニケーション力や人となり、意欲などを確認する） など

結果を通知
採用も不採用も、決まり次第すみやかに連絡する。内定を出す段階で、労働契約の成立とみなされる。

入社する
本採用の前に、数ヵ月の試用期間を設ける場合もある。

採用・入社時に必要！

\\会社が用意//

□ 労働条件通知書（労働契約書など）

必要に応じて、誓約書、身元保証書なども用意して、被雇用者にサインをもらう。

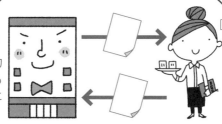

\\内定者が用意//

□ 年金手帳

必要に応じて、健康診断書、源泉徴収票、雇用保険被保険者証などを提出してもらう。

keyword 労働条件通知書 どのような条件で働くのかを確認するための文書。労働契約の期間、就業場所、始業・終業時刻、賃金など労働基準法で定められた内容を明記し、労働者本人に交付しなければならない。

Case_01

社長の給与はどう決める？ 金額はいくらでもいい？

自分一人の会社です。社長の給与はどう決めたらいいの？ 金額は利益から好きなだけで問題ない？

疑問や不安を解決！

ケーススタディ 開業準備編

Answer
社長を含む役員への給与（役員報酬）の金額や支払い方法は法律で決まっています

役員報酬は、金額や支払い方法の要件を満たさないと損金に算入できません。設定には注意が必要です。適切に設定するには、以下のポイントを覚えておき、税理士などの専門家に相談することをおすすめします。

 point

毎月の報酬は「定期同額給与」とし、会社設立日から3ヵ月以内に金額を決める

ほかの支払い方法もあるが、小さな会社の役員報酬はこの方法が一般的。

会社の利益に対して

- 高額すぎると…… 損金として認められないことがある
- 低額すぎると…… 納税計画に影響する

会社の損益計画や社長個人の生活も含めてベストな金額を検討します

---

keyword 損金 法人税法上の費用のことで、会計などで一般的に用いる費用とは異なる。損金の範囲は法人税法上に「別段の定め」があり、会計上の費用として計上されていても、法人税法上の費用としては認められない場合がある。

Case_02
従業員を雇ったら、どんな手続きが必要ですか？

事業が軌道に乗ってきたのと、慢性的な人手不足のため、従業員を採用したいと思っています。人を雇ったら、どんな手続きを行えばいいのでしょうか。

Answer
労働条件を明示し、契約を交わします。保険加入の手続きなどもすみやかに

労働条件を明示した書面（「労働条件通知書」「労働契約書」など）を交付し、従業員と労働契約を結びます。必要な手続きはさまざま。

従業員が入社したときの手続き

●年金事務所へ
□ 健康保険・厚生年金保険被保険者資格取得届
□ 被扶養者（異動）届（被扶養者がいる場合）
➡ 入社日から5日以内

雇用や労働形態に応じて社会保険（健康保険と厚生年金保険）の加入手続きをする（p88）。

●ハローワークへ
□ 雇用保険被保険者資格取得届
➡ 入社日の翌月10日までに

雇用見込みが31日以上で所定労働時間が週20時間以上であれば、雇用保険の加入手続きをする（p89）。

●市区町村へ
□ 特別徴収にかかる給与所得者異動届出書※
➡ すみやかに

※届出書類の名称は、市区町村によって異なる。

前職があり、住民税の特別徴収をする場合に行う。

人を採用すると助成金を受けられるケースもある。要チェック→ p53

Case_03
取引書類が増える一方です。管理のコツを教えてください

大事な書類はとっておくと聞きましたが、増える一方です。処分はいつ、どうやってしたらいいですか？

Answer
法定期間を目安に、保存と破棄の社内ルールを作成しましょう

法律で定められた保存期間を参考に社内ルールをつくり、時期が過ぎたものはシュレッダーなどで処分します。管理のコツはp101へ。

おもな文書の保存期間

＊複数の法律で規定されている場合は、長いほうを記載。
＊欠損金の生じた事業年度においては、帳簿書類（※印の書類）の保存期間が9年に延長される。

永久保存
定款、株主名簿、会社の設立登記に関する文書
許認可に関する証書類　　固定資産関係書類、税務申告書※
特許権、商標権、実用新案権に関する文書　　など

10年
株主総会の議事録※
決算書（財務諸表）※、総勘定元帳や仕訳帳などの帳簿※
契約書（満期や解約後）　など

7年
請求書や領収書などの取引に関する証憑類※
源泉徴収簿、年末調整の資料　など

2～5年
雇用保険の被保険者に関する資料（4年）
簡単な契約・届出関係の文書（3年）
労働者名簿、賃金台帳など労務関係書類（3年）
郵便物の受発信記録（3年）　　雇用保険に関する書類（2年）
健康保険や厚生年金保険に関する書類（2年）　　など

116

Case_04
お店のBGMとして
CDを流したいけれど、
勝手に流すのは違法だと聞きました

店の雰囲気に合った音楽を流して、お客様にもっとリラックスして楽しんでもらいたいです。自分で購入したCDなら、流しても大丈夫ですよね？

Answer
購入したCDでもアウト！
著作権について知っておきましょう

お店のBGMや、ダンス教室のレッスンなどで他人の曲を商業利用するには、許諾を得る（著作権使用料を支払う）必要があります。適切な手続きを行うか、以下のような方法を考えましょう。

著作権を侵害しない音楽使用方法

❶ テレビやラジオの番組を流す

テレビやラジオで、そのときに放送されている番組を流すことは、著作権侵害にはあたらない。自分で録音や録画したものを流すのは、「複製権」に触れるためNG。

❷ 著作権のない曲を流す

著作者の死後50年を経過するなど、著作権の消滅した曲を流す。著作権が消滅しても「著作隣接権」が残っていることもあるため、著作権フリー楽曲として市販されているCDを利用すると安心。

❸ 有料の有線放送や音楽配信サービスを利用する

有料の有線ラジオ放送（USENなど）や、店舗BGM向けに提供されているインターネットの音楽配信サービスなどを利用する（料金に著作権使用料も含まれており、手続きが不要なもの）。

第4章 スムーズな会社運営のコツを知る

Case_05
もしものことが起こったときへの備えにはどんなものがありますか?

災害で被害を受けたり、大事な取引先が急に倒産したり、経営者が病に倒れたり。万が一のときに事業を継続したり精算するためには、どう備えておけばいいですか。

Answer
中小企業のための共済制度を活用する方法もあります

経営者は、自分の生活だけでなく、会社や従業員も守らなくてはなりません。経営に余裕ができてきたら、もしもに備えた保険や共済への加入も検討してみましょう。

経営者や会社を守るための国の制度

経営者の退職金代わりに
小規模企業共済

特徴	メリット
掛け金を納めて廃業時や退職時に受け取る制度。災害時などに融資を受けられることも。	掛け金は全額所得控除され、節税対策になる。共済金を受け取るときも節税メリット有。

取引先の倒産に備える
経営セーフティ共済
(中小企業倒産防止共済)

特徴	メリット
掛け金を納めておくことで、取引先の倒産による経営難に陥ったときに融資を受けられる。	掛け金は全額必要経費(損金)に。取引先の倒産以外でも利用できる一時貸付金制度もある。

中小企業基盤整備機構 共済制度(共済加入には、それぞれ規定の要件を満たす必要がある。よく確認を)
http://www.smrj.go.jp/kyosai/index.html

第5章

経営者の金銭感覚を身につける

経営マネジメント編

会計や財務の知識を暗記する必要はありません。「お金」を軸に経営状況を把握し、「お金」を軸に将来を見通せるよう、要所をとらえておきましょう

会社の経営と経理は切り離せない

お金の管理

会社のお金と個人のお金は区別する

勝手に使うのも、増やすのもダメ

NG! 会社のお金をちょっと借りる

備品のシールが足りなくなってきたな

無断で使うだけでなく、勝手に増やすことも絶対にしない。会社のお金の動きが不明瞭になり、管理できなくなる。

NG! 会社のモノを自腹で買う

お金の管理は経営者への第一歩

お金のことは、税理士や会計担当に任せ、自分は一切関知しないというのでは、経営者失格。なぜなら、会社の収益を正しく把握し、その数字から経営方針や目標を決めていくことこそ、経営者の大事な仕事だからだ。

経理業務は多岐にわたり、毎日計画的に進める必要がある。担当者や外部の手を借り効率よく進める。同時に経営者自身もお金の動きをつねに意識することが大切だ。

Point

- 会社の経営とお金の管理は、切り離せない。
- たとえ1人の会社でも、公私のお金ははっきりと区別する。
- 経理業務によって、会社の利益や経営状態を正しく把握することができる。

「お金の管理＝経理」は毎日の積み重ね

毎日やること

- 現金や預金の入出金を管理する
- 経費の精算をする
- 取引を記録する（帳簿をつける／会計ソフトに入力する）
- 領収書や請求書などの書類を整理して保管する　など

毎月やること

- 請求書を発行し、売上代金を回収する
- 仕入代金や外注費などを支払う
- 1ヵ月間の記録を集計する（月次決算→p134へ）
- （必要に応じて）税金を納める　など

毎年やること

- 1年間の記録を集計し、決算書を作成する
- 税務申告を行い、税金を納める　など

COLUMN
現金管理には手提げ金庫が便利

帳簿残高と実際の現金残高はつねに一致させます

会社間のお金のやりとりは、預金口座を通して行うことが多くなっている。とはいえ、経費の支払いなど、最低限の現金は必要不可欠。個人のお金と区別し、現金を正しく管理するには、手提げ金庫が便利。

金庫から出し入れした金額は、現金出納帳という帳簿に記録して管理する。

お金を記録し、まとめる

帳簿
お金（財産）の出入りを記録して、整理する

❶ 多様な取引でお金やモノが増減する

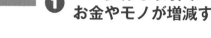

- 商品を仕入れる
- 代金を支払う
- 商品を販売する
- 代金を受け取る
- お金を借りる
- 利息を支払う
- 給料を払う
- 税金を納める
- など

会社がいろいろな取引をすることによって、お金やモノが出入りしていく。この出入りを正確に記録するため、取引の証拠となる請求書などの取引書類はきちんと保管する。

納品書　請求書　領収書　伝票

取引を正しく把握し決算や税務申告へ

取引している事業におけるお金の出入りを、正確に記録したものが、帳簿だ。帳簿をつくることで、事業の動きが把握できるだけでなく、決算や税務申告に不可欠な書類。日常業務に組み入れて、しっかりと記録していく。

最近は、知識がそれほどなくても使える会計ソフトがたくさんある。上手に活用しよう。費用面で問題がなければ、専門家に依頼してもいい。

Point
- 日々発生する取引によって、会社のお金やモノは増減している。
- お金の出入りを帳簿に記録する技能を「簿記」という。
- 記録をもとに、会社の経営成績や財産状況を示す報告書を作成する。

❷ 簿記のルールで帳簿に記録する

取引書類をもとに、お金やモノの増減を簿記のルールで記録する。パソコン会計が主流のため、実際には帳簿（ノート）ではなく、会計ソフトなどに入力するケースが多い。

必ず作成する主要簿
（決算書の作成に必要）
- 総勘定元帳
- 仕訳帳

必要に応じて作成する補助簿
- 現金出納帳
- 得意先台帳（売掛金元帳）
- 仕入先台帳（買掛金元帳）
- 商品有高帳
など

会計ソフトを使用する場合、作成したい帳簿を設定しておけば、取引内容を入力することで自動作成される。

❸ 期間で区切り、記録を報告書にまとめる

2016　｜　2017　｜　2018　　2019

1年の記録を集計して決算書をつくる

会社の経営を一定の会計期間で区切って、その間の経営状態を示す「決算報告書（決算書）」を作成する（これが「決算」）。1年に1回の決算だけでなく、毎月簡単な報告書（月次決算書→p134）をつくる会社も多い。

貸借対照表（B/S）
決算日時点で、会社の財産はいくらあるのかを示す。

損益計算書（P/L）
この期間に、会社はどれだけもうけたのかを示す。

決算報告書については、p132で説明します

第5章　経営者の金銭感覚を身につける

売上と仕入の管理

入金、支払いが済むまで目を光らせる

Point

- 信頼できる取引先とは「掛取引」（後払い）で売買することがある。
- 受け取る予定の代金を「売掛金」、支払う予定の代金を「買掛金」という。
- 商品が動いたときとお金が動いたときに帳簿をつける。

仕入と売上の流れ

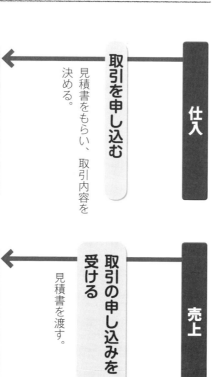

仕入
- 取引を申し込む：見積書をもらい、取引内容を決める。
- 発注する：注文書を渡す。

売上
- 取引の申し込みを受ける：見積書を渡す。
- 受注する：注文書を受け取る。

取引は「掛」で行うことが多い

取引の基本は「現金取引」だが、継続した取引で会社間の信頼関係ができると、商品やサービス提供と引き替えではなく、「請求書」をもとに、後日、支払いが行われることも少なくない。これを「掛」という。

掛取引では、支払いまで数ヵ月かかる。いつ、どこから支払われ、こちらもいつどこに支払うのか、請求書ファイルなどで、しっかりと管理しておく。

第5章 経営者の金銭感覚を身につける

帳簿に記録

支払いや入金のタイミングで「買掛金」「売掛金」を消す。

出荷、納品、検品のどこかのタイミングで、「仕入」や「売上」を計上。未払（未収）金額を「買掛金」「売掛金」として記録する。

【仕入側の流れ】
商品が出荷される → 商品が納品される → 商品を検品する → 代金の請求を受ける → 代金を支払う

- **商品を検品する**
- **代金の請求を受ける**：請求書を受け取る。
- **代金を支払う**：請求書の金額を期日までに支払う。必要に応じて領収書を受け取る。忘れずに支払ったために、「買掛金台帳」などで管理する。

【販売側の流れ】
商品を出荷する → 商品を納品する → 商品の検品を受ける → 代金を請求する → 代金が入金される

- **商品の検品を受ける**
- **代金を請求する**：請求書を発行して、渡す。
- **代金が入金される**：入金と請求書の額、振込者などを照合する。必要に応じて領収書を発行する。もれなく回収するために「売掛金台帳」などで管理する。

（生徒）入金されない、なんてこともあるんですか？

（先生）取引先の倒産などで回収できないことも。そうした事態への備えも大切です（p118へ）

---

keyword　計上するタイミング　「仕入」や「売上」を記録するのは、出荷時、納品時、検品時のいずれかのタイミング。正確に記録して分析するためにも、一度決めたタイミングは原則変更しない。

経費1 どんどん使う？ 抑える？ 得するのはどっち？

経費を使うと、利益が減る

「経費を使えば使うほど、税金を減らせると聞いたことがあります。本当ですか？」

「う〜ん。そうともかぎりません。税務上の経費（損金）と税金の関係を整理してみましょう」

たとえば、売上2000万円の会社で

経費が多い場合　　**経費が少ない場合**

売上2000万円

| 損金（税務上の経費） 1920万円 | 損金（税務上の経費） 1600万円 |

ある程度の税金を納める一方、会社にもきちんと利益が残る

税額は少なくなる一方、会社に残る利益も少ない

税金160万円

税金32万円
税引後利益48万円

税引後利益240万円

＊法人税等を仮に40%として単純計算した場合の比較。

「経費を使うと、税金は減るものの、利益も減るんだ……」

 Point

- 利益を上げるために必要な支払いを「経費」という。
- 必要な支払いであっても経費（損金）になるものとならないものがある。
- 同じ売上であれば、経費が多いと納税額は減るが、利益も減ってしまう。

会社に利益が残らないと、会社を維持、発展させていくことが難しくなります

利益が少ないと、金融機関からの評価も低くなります

利益が少ない、または赤字の会社に対して、金融機関の目はシビアになる。融資額を減額される、金利が高くなる、融資を受けられない可能性もある。

"利益を上げるために必要かどうか"よく考えて、経費を使うようにしましょう

経費（損金）と認められないものがある

「会計」は経営状況を報告書にまとめるため、「税務」は適切な税額を計算するために行うもの。その違いから、会計上では経費となるものの、税務上では経費（損金）に認められないものがある。疑問があれば税理士などに相談しておくといい。

交際費
取引先との付き合いを深めるための費用。中小企業の場合、「交際費のうち800万円まで」、または「接待飲食費の50％相当額まで」は損金だが、それ以上は損金にならない。

役員賞与
毎月定額を支給する役員給与は損金となるが、気まぐれに支払われる賞与は損金にならない（p114へ）。

租税公課
固定資産税や登録免許税、印紙税などは損金になる。一方、法人税や法人住民税など所得に対して課税されるものや、罰金などは損金にならない。

寄付金
金額や寄付する相手先によっては損金にならないことも。

など

＊制度、税率などの情報は2017年1月現在のものです。

経費2 会社設立前に使った費用も経費にできる

創業費と開業費

創業費

会社を設立する（設立登記を行う）までにかかった費用。
- 定款（p80）の作成にかかる費用
- 金融機関などでの取扱手数料
- 設立登記のための登録免許税（p84）
- 発起人への報酬
- 設立に関わった人（司法書士など）への報酬

など

準備スタート

設立前だけど会社のために必要な費用だものね

Point
- 会社を設立する以前に発生する費用も経費として計上できる。
- 一定の創業費や開業費は、「繰延資産」として処理できる。
- 繰延資産の場合、支払った年だけでなく複数年に分割して費用にできる。

会社がスタートする前の費用はどうする？

事業を始めるには、多くの費用がかかる。設立時には、定款作成や登記の手数料、設立に関わった人への報酬、仮事務所の賃借料などの支出がある。設立後も、実際に事業を始める準備段階で、広告費をはじめとした種々の支払いがある。

これらの費用は、「繰延資産」という名目で、一定の期間に分割して、経費として計上することができる。

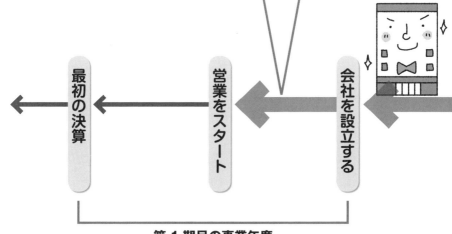

開業準備費用

会社の設立後から実際に営業を始めるまでの間、開業準備のためにかかった費用。

開業費
- 印鑑、名刺の費用
- Webサイトの作成費用
- ユニフォームの購入
- 市場調査費用
- 開業セミナーの参加費用
- 交通費
- 通信費

など

経常的な費用
- 広告宣伝費用
- 開業までの人件費
- 水道光熱費
- 開業までの賃借料費

など

会社を設立する → 営業をスタート → 最初の決算

第1期目の事業年度

創業費と開業費は繰延資産として処理できる

❶ 5年以内で、分割して費用にする
創業から5年以内で、定額に分割して費用にする(償却する)。特定の事業年度への負担集中を避けられる。

❷ 任意で費用にする
好きなときに好きなだけ費用にする(償却する)。設立後、赤字続きの会社が黒字化した年に任意額を費用にすることも可能。

keyword 繰延資産 換金能力はないが、支出の効果が将来にわたって期待できることから、適切な期間利益を算定するため、資産計上が認められる(p139へ)。

決算書の見方

会社の経営状況を「決算書」で把握する

帳簿を集計して、報告書をつくる

月次決算

1ヵ月ごとに売上や経費などを集計。タイムリーな業績を把握し、その後の経営方針の判断材料にする。

月次試算表（p.134へ） など

その月の経営や財務の状態を示す「試算表」をはじめ、経営管理に役立つ資料を作成する。

決算

その事業年度（通常は1年）の帳簿を集計して、その期間の利益や損失を決算書にまとめ、報告、公開する。

損益計算書（p.136へ）

貸借対照表（p.138へ）

1つの書類ではなく、複数の書類をまとめて「決算書」という。左記2つのほかに、キャッシュフロー計算書などがある。

「現状」を知り「将来」に備える

日々記録を続けた帳簿をもとに、あらかじめ決めていた事業年度の決算期に、報告書（決算書）を作成する。

事業には、目に見えない経費もあり、たんに売上額だけでは、「もうかっている」かどうか、把握しきれない。報告書を作成することではじめて、会社の正確な経営成績を知ることができる。またそれにより、将来の会社像を見すえた、具体的な施策も見えてくる。

Point

- 経営状況をまとめた決算書は、経営者や外部の人にとって重要な報告書。
- 会社をこれからどう運営していくか、舵取りの指標に。
- 決算書は、単体で見るよりも、ほかと比較して見ると分析しやすい。

決算書を見比べて、判断する

決算書を見比べて、判断する

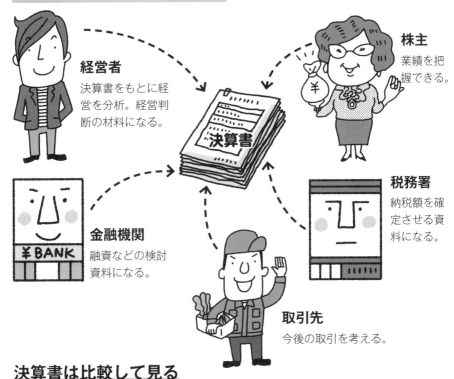

経営者 — 決算書をもとに経営を分析。経営判断の材料になる。

株主 — 業績を把握できる。

税務署 — 納税額を確定させる資料になる。

取引先 — 今後の取引を考える。

金融機関 — 融資などの検討資料になる。

決算書は比較して見る

昔の決算書と比べる

前期や前々期と比較し、推移を見る。月次試算表なら、前月、前前月と見比べるほか、前年同月と比べると予測が立てやすい。

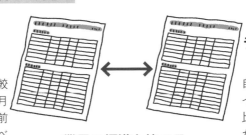

ライバル企業と比べる

自社の決算書と、ライバル社の決算書を比較する。どんな点が勝っているのか、劣っているのかがわかり、改善点などが見えてくる。

業界の標準と比べる

同業種の推移や平均値を見ると景況感がつかめ、比べることにより業界内での自社の立ち位置が見える。平均値は『中小企業実態基本調査』(中小企業庁)などを参考に。

月次決算

経営や財務の状態を月に一度、確認する

月次決算はこんな流れ

月末（締め日）

請求書などを締め切る
立替経費の精算書や仮払精算書を揃え、取引先からの請求書を取りまとめる。

試算表を作成する
その月の売上、仕入、経費を集計する。立替経費の精算、月をまたぐお金の振り分け、在庫の確認など、期末ならではの調整を行い、試算表にまとめる。損益計算書（p136）、貸借対照表（p138）の形にまとめる会社も。

必要に応じて経営資料を作成

資金繰り表	予算実績対比表	月次損益推移表
最近から数ヵ月先までの資金の動き（予測）がつかめる（p144へ）。	予算（目標）に対して実績はどうだったか、月ごとに比べることができる。	科目ごとに、月ごとの変動を数ヵ月にわたって確認できる。

翌月10日ごろ

締め日から1週間～10日程度で試算表や経営管理資料をまとめたい。その情報をもとに、これからどうすべきか、経営判断をしていく。

月次決算を行うメリット

- タイムリーな経営状況がつかめ、スピーディな経営判断につながる。
- 年度末の決算業務がスムーズになる。
- 金融機関からの信頼がアップする。

Point
- 毎月の業績を把握し、先の見通しを立てるために役立つ。
- 問題点や改善点を早期に発見し、対策を立てることができる。
- ルールを決めて行えば概算で集計を進めてもOK。

試算表はココをチェック

試算表にはいくつか種類がある。ここでは合計残高試算表を紹介。利益などのチェックは、損益計算書（p136）で確認する。業種や会社によって、見るべき数値はそれぞれ。慣れるまでは、税理士などの専門家を頼るのもおすすめ。

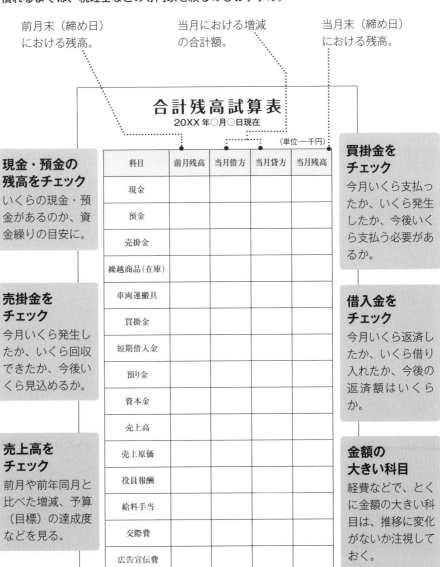

1年間のもうけは？経営成績がわかる

書類に注目！ 損益計算書

5つの利益でもうけの中身を知る

1年間の会社のもうけを明らかにするのが「損益計算書」。もうけといっても、メインの事業で稼いだり、経費などの費用を削ったり、財テクに励んだりと、中身はいろいろ。下の5つの利益に注目すると、もうけの中身が見えてくる。

1 売上総利益

《計算式》
売上高－売上原価

会社の基本的な収益力を示す。大雑把な利益で、「粗利（あらり）」ともいう。会社の商品やサービスの価値をはかる目安のひとつ。

2 営業利益

《計算式》
売上総利益－販売費及び一般管理費

本業の事業によって得た利益を示す。マイナスの場合は「営業損失」という。

3 経常利益

《計算式》
営業利益＋営業外収益－営業外費用

投資による損得など、本業以外の収支を含めた利益。マイナスの場合は「経常損失」という。

4 税引前当期純利益

《計算式》
経常利益＋特別利益－特別損失

臨時に起こった収支も含めてすべての収益と費用をまとめた利益。会社が黒字か赤字か確認する。

5 当期純利益

《計算式》
税引前当期純利益－法人税等

税金を差し引いた最終的な会社の利益。

会社経営の「成績表」ともいえます

損益計算書

自 20XX年○月○日
至 20XX年○月○日

(単位:一千円)

科目	金額	
【売上高】		○○○○○
【売上原価】		○○○○○
売上総利益		○○○○○●
【販売費及び一般管理費】		
役員報酬	○○○○○	
給料手当	○○○○○	
旅費交通費	○○○○○	
その他経費	○○○○○	○○○○○
営業利益		○○○○○●
【営業外収益】		
受取利息		○○○○○
【営業外費用】		
支払利息	○○○○○	○○○○○
経常利益		○○○○○●
【特別利益】		
固定資産売却益		○○○○○
【特別損失】		
固定資産売却損	○○○○○	○○○○○
税引前当期純利益		○○○○○●
法人税等		○○○○○
当期純利益		○○○○○●

営業損益
会社の本業である事業活動で生じた損益（売上や売上原価、経費など）を明らかにする。

営業外損益
本業以外の活動で生じた損益を明らかにする。預金の利息や賃貸不動産の収入など。

特別損益
その期にかぎって特別に生じた損益。災害による損失や固定資産の売却で生じた損益など。

第5章　経営者の金銭感覚を身につける

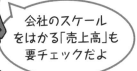

会社のスケールをはかる「売上高」も要チェックだよ

ここも注目!
当期純利益の額を大きくしていくことは、事業の大きな目的のひとつ。

決算時点に会社がもつ財産状況がわかる

書類に注目！ 貸借対照表

会社の「健康診断書」ともいえます

ブロックごとに財産を把握する

お金の出どころ
右側では、会社のお金がどこからきたのか（負債なのか、純資産なのか、など）を示す。

（単位・一千円）

科目	金額
（負債の部）	
【流動負債】	
買掛金	○○○○○
短期借入金	○○○○○
未払金	○○○○○
預り金	○○○○○
【固定負債】	
長期借入金	○○○○○
負債合計	○○○○○
（純資産の部）	
【株主資本】	
資本金	○○○○○
利益剰余金	○○○○○
	○○○○○
純資産合計	○○○○○
負債・純資産合計	○○○○○

流動負債
1年以内に返すべき負債※
おもな営業取引で生じた買掛金や支払手形などの負債、1年以内に返済すべき短期借入金など。

固定負債
ゆっくり返済できる負債
長期借入金や社債など、支払い義務が1年を超えて残っている負債。

純資産
会社がもつ数字上の財産
資本金や会社がもうけて貯めたお金など。利益剰余金（内部留保）が多い会社は経営の安全性が高い。

決算日時点の会社の財務状況を明らかにするのが「貸借対照表」。左右に分かれた表の左側が「資産」を、右側が「負債」と「純資産」を示す。左右はそれぞれお金の「出どころ」と「使いみち」でもあり、両サイドの合計金額は必ず一致する。

流動資産

1年以内に現金になる資産※

現金や普通預金・当座預金、おもな営業取引から生じた売掛金や受取手形、棚卸資産、1年以内に回収される貸付金など。

固定資産

長期にわたって保有する資産

建物や車、機械・装置、ソフトウェアなど、事業を行うために使用、保有する資産。

繰延資産

効果が1年以上に及ぶ「費用」

創業費や開発費など。本来なら費用だが、効果が将来にわたって続くために資産とするもの。

> お金の使いみち
> 左側では、会社のお金を何に使ったのか、お金がどういう状態にあるのかを示す。

貸借対照表
20XX年○月○日現在

科目	金額
(資産の部)	
【流動資産】	
現金	○○○○○
預金	○○○○○
売掛金	○○○○○
商品	○○○○○
前払費用	○○○○○
貸倒引当金	○○○○○
【固定資産】	
車両運搬具	○○○○○
工具器具備品	○○○○○
【繰延資産】	
創業費	○○○○○
	○○○○○
	○○○○○
資産合計	○○○○○

支払い能力や資金繰りの傾向も見えてきます

※おもたる営業取引から発生した資産（売掛金や受取手形）や負債（買掛金や支払手形）は、回収や支払いの期間が1年を超える場合も流動資産、流動負債として扱われる。

損益分岐点 — 採算がとれる売上高を知っておく

収支トントンはいくら？

例 こんな商売だったら……

- 販売価格：1個あたり300円
- 変動費（変動売上原価）：1個あたり240円
  （300円 − 240円 = 60円が1個あたりの限界利益）
- 固定費：月に10万円

＊そのほかの費用は一切かからないものと仮定する。

≪計算式≫

$$\frac{\text{固定費}}{1 - \dfrac{\text{変動費}}{\text{売上高}}} = \text{損益分岐点売上高}$$

$$\frac{100{,}000}{1 - \dfrac{240}{300}} = \frac{100{,}000}{1 - \dfrac{4}{5}} = 500{,}000$$

「売上高50万円」が収支トントンの「損益分岐点売上高」

損益分岐点で収支トントンを目指す

やみくもに売上を伸ばそうとするのではなく、まずは損益分岐点を把握しておくことが大事だ。

損益分岐点は、売上から費用を差し引くとゼロになる時点で、売上がこれを下回れば赤字、上回れば黒字という、文字通り事業経営の分かれ道である。

損益分岐点を知ることで、黒字まであといくら売上が必要かわかる。利益を含めた売上目標も、明確に定めることができる。

Point

- 事業がスタートしたら、まずは収支トントン（損益分岐点）を目指す。
- 損益分岐点がわかると、黒字になるためにはいくら売上が必要かわかる。
- 損益分岐点が低いと、利益が出やすくなる。

損益分岐点を活用する

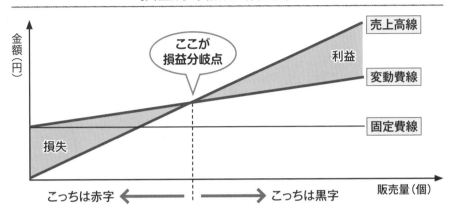

例 右のケースで目標利益を達成するには何個売ればいい?

- 損益分岐点売上高:50万円
  (損益分岐点販売数は、【500,000÷300円＝1667個】)
- 目標利益:2万円

≪計算式≫

$$\frac{固定費＋目標利益}{1個あたり限界利益} = 目標販売数量$$

$$\frac{100,000 + 20,000}{60} = 2,000 個$$

損益分岐点販売数より333個多く売る必要がある

損益分岐点を下げることで、目標利益を達成する方法も

販売価格を上げる
販売価格を320円に値上げすると、1個あたりの利益は80円。目標販売数量は【(100,000＋20,000)÷80＝1500個】。1500個以上の販売で目標利益を達成できる。

変動費を下げる
変動費(変動売上原価)を220円に下げると、1個あたりの利益は80円。目標販売数量は【(100,000＋20,000)÷80＝1500個】。1500個以上の販売で目標利益を達成できる。

固定費を下げる
固定費を8万円に引き下げると、損益分岐点売上高は40万円になる。目標販売数量は、【(80,000＋20,000)÷60＝1667個】のままでも目標利益を達成できる。

keyword **変動費と固定費** 「変動費」は売上に連動する費用(原材料費など)。「固定費」は売上に連動しない費用(家賃や保険料、福利厚生費など)。業種(業態)によって変動費と固定費の区分はそれぞれ。

資金繰り 1

売上は増えたのにお金が足りない!?

黒字でも倒産することがある

取引の流れ

注文を受ける → 商品を販売 → 代金を請求 → 代金を回収

「売上」を記録するのはココ

実際に入金されるのはココ

タイムラグが発生！

帳簿上は利益が出て黒字だが、手元の資金が足りないために必要な支払いができない。そのせいで倒産することを「黒字倒産」という。

「勘定合って銭足らず」状態だね

売上が伸びても油断できない

順調に注文を受けて、売り上げが伸びていても、手持ちの資金が不足してくることがある。支払いサイトの問題や、過剰な在庫、過剰な設備投資などが原因だ。

キャッシュがないと、支払いや返済が遅れたり、必要な設備投資ができず、事業が滞ってしまう。最悪、倒産することもある。

手元に一定の動かせるお金が残るよう、お金の動きを見ながら資金繰りを行うことが大切だ。

Point

- キャッシュがないと、経営が黒字でも倒産することがある。
- 帳簿上の利益と、実際に手元で動かすことのできるお金は異なる。
- 「支払いは遅く、入金は早く」が資金繰りのコツ

支払いサイトと入金サイトのしくみ

❶ 入金サイトより支払いサイトが長い

例
- 締め日：月末
- 売上：翌月末に入金（入金サイトは1ヵ月）
- 仕入：翌々月20日払い（支払いサイトは1ヵ月と20日）

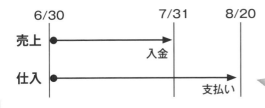

売上額が大きくなればなるほど、資金繰りが楽になる。

売上で入金された
お金を支払いにあてる
ことができる

❷ 支払いサイトより入金サイトが長い

例
- 締め日：月末
- 売上：翌々月15日に入金（入金サイトは1ヵ月半）
- 仕入：翌月末に支払い（支払いサイトは1ヵ月）

売上額が大きくなればなるほど、資金繰りが厳しくなる。

入金と支払いの
時期が資金繰りの
鍵を握るんだ

売上の入金は
まだ先だが、支払い資金が
必要になる

ほかにも、こんなときには資金繰りが心配

- ☐ 多額の設備投資をしたとき
- ☐ 在庫が増えているとき
- ☐ 借入金が増えたとき
- ☐ 赤字のとき
- ☐ 取引先の倒産などで売掛金を回収できないとき　など

資金繰り表（→ p144）で現金の動きをよく確認しましょう

経営者が見るべき数字はこれ！

月次決算を行うときに、作成したい書類が「資金繰り表」。現金（と預金）の収支の実績と予測を月ごとにまとめた表で、資金不足に陥る時期を予測して対策を立てるのに役立つ。

書類に注目！ 資金繰り表

現金の出入りと残高の推移を明らかに

資金繰り表

	6月（予算）	7月（予算）	8月（予算）
	1140	740	
	0	50	
	600	600	
	10	0	
	610	650	
	150	100	
	500	400	
	150	150	
	150	150	
	50	50	
	1000	850	
	750	540	
	0	0	
	10	10	
	−10	−10	
	740	530	

資金繰りが悪化しそうなら対策しないと…

ココがマイナスになると資金ショート！

翌月繰越残高は現金（と預金）収支の合計金額。これがマイナスになると、資金不足。資金不足の予測が出ていないか、つねに数ヵ月先まで目を光らせて、早めの対策（p146）を心がける。

お金の出入りと現・預金残高が一目瞭然です

過去は、実績を記入する

現時点より過去の分は、決算書（p132）や試算表、帳簿などを確認して、実績を書き写す。その月の予算と照らし合わせることで、予算と実績のズレの原因を検証することもできる。

未来は、予算（予想）金額を記入する

現時点より未来の分について、これまでの実績を参考に、入金と出金の予測を記入する。月次資金繰り表なら向こう半年〜1年分、日次資金繰り表なら向こう数ヵ月分程度あるとよい。

決算書などを確認して、現金・預金の残高を書き写す。

受取利息や前受金、固定資産等の売却益などがあったときに記入する。

税金、役員賞与、前渡金、固定資産等の購入による支出があったときに記入する。

		4月（実績）	5月（予算）
	前月繰越残高(A)	1000	(1040)
収入	現金売上	50	100
	売掛金回収	750	850
	その他収入	50	10
	計(B)	850	960
支出	現金仕入	100	150
	買掛金支払	350	350
	人件費	150	150
	人件費以外の経費	150	150
	その他の支出	50	50
	計(C)	800	850
	差引計(A+B−C=D)	1050	1150
財務収支	借入金調達(E)	0	0
	借入金返済(F)	10	10
	差引計(E−F=G)	−10	−10
	翌月繰越高(D+G=H)	(1040)	1140

この金額を翌月へ反映する

損益	売上高		
	仕入・外注費		
残高	売掛金		
	買掛金		
	借入金		

参考数値も合わせてチェック

売上や仕入がどう推移しているか、売掛金や買掛金、借入金の残高はどのくらいなのか、資金繰りと照らし合わせて確認できるようにしておくと便利。

第5章　経営者の金銭感覚を身につける

資金繰り 2

キャッシュを意識して資金不足を防ぐ

資金繰りをカイゼンする方法

資金繰りの悪化に気づいたら、早めの対策が不可欠。資金繰りを改善する方法はいろいろある。資金不足の原因を探りつつ、適切な対策を検討しよう。

社内でできる工夫

まずは社内でできることから。社内の体質を見直しましょう

ココをカイゼン！

過剰な在庫を減らす

在庫はキャッシュが変身した姿。必要以上の在庫は、早めに販売して現金に換える。売れる見込みのない不良在庫は、バーゲンセールなどで処分。利益が出なくても、集客材料になったり、保管費用の削減につながる。

ココをカイゼン！

費用を見直す

経費を削減すると、売上が同じでも利益は大きくなり、キャッシュも増える。商品や原材料の見直し、過剰な人件費の削減、賃借料の安いオフィスへの移転など、コスト削減を検討する。

ココをカイゼン！

不要な資産をキャッシュに換える

節税目的に加入していた保険があるなら、解約することで、資金をつくることができる。ほかに、必要のなくなった固定資産や、投資をキャッシュに換える方法もある。

Point

- 資金不足の可能性に気づいたら、早めに資金繰りを改善する対策をとる。
- 資金繰り対策は、社内でできることから始める。
- それでも厳しければ、取引先や金融機関への相談を検討する。

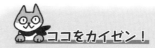
黒字を大きくする
経費の削減だけでなく、売上を伸ばすための工夫をすることで黒字を大きくしていく。利益とキャッシュはイコールではないが、利益を大きくすることで、キャッシュも増えていく。

取引先との関係を見直す

売掛金の回収を急ぐ
売掛金(後払いで販売した代金)などの未回収は「不良債権」となり、資金繰りを圧迫する。後回しにされないよう、確実に回収する。

取引先からの信用にも関わってきます。必要に応じて交渉を

支払いサイトを交渉する
資金繰りがどうしても厳しいときは、仕入債務などの支払期間を少し遅らせてもらえないか交渉する。

金融機関でのやりくりを工夫

返済計画を見直す
月々の返済額を見直す、返済期間の長い融資に借り換えをするなどで、キャッシュをつくる。金融機関に相談を。

融資を検討する
急激な売上アップによる資金不足で、将来の利益の見通しが立っている場合は、融資を受けられることも。金融機関に相談を。

将来の融資にも影響してきます。利益や返済の計画をしっかり立てて

税金の知識1
会社が納める税金を知っておく

> 赤字だとかからない

法人税、地方法人税

税務署

会社が事業で得た所得にかかる税金。「法人税」と「地方法人税」があるが、いずれも国に納める国税。

《計算式》 ※資本金1億円以下の会社の場合。

課税所得金額 × 税率 = 法人税額

- 【益金－損金】で計算。会計上の「利益」とは異なる(必ずしも一致しない)。
- 課税所得800万円以下は税率15%。800万円超は税率23.4%。

法人税額 × 税率(4.4%) = 地方法人税額

申告&納付

確定申告する
決算日の翌日から2ヵ月以内に税務署へ確定申告書を提出、納付する。
申告期限については、事前に申請することで延長することもできる。

中間申告する
前事業年度の法人税の納税額が20万円超の会社は、中間申告を行う必要がある。前期法人税額の1/2で「予定申告」するか、半年分を「仮決算」するか、どちらかの方法で行う。

Point
- 会社が、国や自治体に納めるべき税金はいろいろ。
- 赤字の場合はかからない税金と、赤字でも納めるべき税金がある。
- 税理士に任せると安心だが、各税について知識として知っておきたい。

※税率や制度の内容などは2017年1月現在の情報に基づいています。

法人住民税、法人事業税、地方法人特別税

※東京23区は都税事務所のみ。

会社の所得にかかる税金のうち、市町村や都道府県に納めるもの。地方法人特別税は国税だが、法人事業税とともに納める。

※税率は、自治体によって異なる。

《計算式》

| 均等割 | ＋ | 法人税割 | ＝ | 法人住民税額（道府県民税／市町村民税） |

会社の規模に応じて、赤字でも定額がかかる。東京都では最低で年間7万円。

【法人税額×税率（東京23区内で資本金1億円以下・法人税額が年1000万円以下の場合、12.9%）】

| 課税所得金額 | × | 税率 | ＝ | 法人事業税額（道府県民税／市町村民税） |

右ページ参照

東京都では資本金1億円以下・年所得2500万円以下の場合、課税所得400万円以下は税率3.4%。400万円超〜800万円以下は5.1%。800万円超は6.7%。

| 法人事業税額 | × | 税率 43.2% | ＝ | 地方法人特別税額 |

 申告＆納付

確定申告する

決算日の翌日から2ヵ月以内に、法人住民税（市町村民税）は市町村役場へ、法人住民税（都道府県民税）と法人事業税は都道府県税事務所へ、それぞれ確定申告書を提出、納付する。

中間申告する

法人税の中間申告を行う必要がある会社は、法人住民税などでも中間申告を行う必要がある。法人税の中間申告と同様に2つの方法のどちらかで行う（右ページ参照）。

源泉所得税、個人住民税（特別徴収）

税務署

従業員の給与から、所得税と住民税を毎月徴収（源泉徴収と特別徴収）して、本人に代わって納める。

国税庁が定める「源泉徴収税額表」をチェック

「課税対象金額（給与の総支給額から社会保険料などを引いた金額）」と「社員の扶養親族等の数」が交差する欄の金額を確認。

源泉所得税額

「特別徴収税額通知書」をチェック

従業員が居住する市区町村に「給与支払報告書」を提出することで、市区町村が各人の住民税額を決定。市区町村から会社へ税額が通知される。

住民税額（特別徴収）

申告＆納付

> 従業員が10人未満の場合、納期の特例を受けると、年2回に分けて納付できる。

源泉所得税は？
源泉徴収し、翌月10日までに税務署へ納付。翌1月末までに源泉徴収票を提出する。

住民税は？
特別徴収し、翌月10日までに各市区町村へ納付。翌1月末までに給与支払報告書を提出。

固定資産税

市町村役場
※東京23区は都税事務所。

会社がもつ土地や建物などの固定資産にかかる。納税通知書に応じて、1年分を年4回に分けて納める。

《計算式》

課税標準額 × **税率1.4％** ＝ **固定資産税額**

課税標準額：その資産の評価額。

税率1.4％：標準税率。資産や市町村によって異なる場合もある。また、不動産のある場所によっては都市計画税がかかる場合もある。

消費税

商品やサービスの消費に対して課税される。前々事業年度の課税売上高が1000万円以下の会社の場合などは、納税義務がない（詳しくはp154へ）。

《計算イメージ》

預かった消費税額 － 支払った消費税額 ＝ 納付する消費税額

【課税売上高×8%】。

【課税仕入高×8%】の原則課税方式か、【課税売上高×8%×みなし仕入率（業種により異なる）】の簡易課税方式か、選べる（一定の要件を満たす必要がある）。

マイナスになった場合は、還付を受けることができる（例外あり）。

 申告&納付

確定申告する

決算日の翌日から2ヵ月以内に、税務署へ消費税の確定申告書を提出、納付する。消費税は、法人税や法人住民税などのように申告期限を延長することはできない。

中間申告する

前期の消費税額（国税分）が48万円超の場合、確定申告に加えて、中間申告・納付を行う必要がある。
中間申告の回数は、前期の消費税額によって異なる。

印紙税

領収書や契約書、会社の定款、手形など、会社が使用する一定の文書にかかる税金。
課税金額は、文書の種類や記載金額などによって異なる。

登録免許税

会社を登記するときや、土地や建物など不動産を登記するときにかかる税金。
課税金額は、登記する内容によって異なる。

税金の知識2 1年間の税金スケジュール表

3月決算の会社の税金カレンダー

法人住民税、法人事業税 (＋地方法人特別税)	法人税 (＋地方法人税)	税／月
		4月
□法人住民税、法人事業税、地方法人特別税の 確定申告・納付 (31日まで)	□法人税、地方法人税の 確定申告・納付 (31日まで)	5月
		6月
		7月
		8月
		9月
		10月
□法人住民税、法人事業税、地方法人特別税の 中間申告・納付 (30日まで)	□法人税、地方法人税の 中間申告・納付 (30日まで)	11月
		12月
		1月
		2月
		3月

決算日の翌日から2か月以内に申告＆納付をするのが原則なんだね

申告や納付の期限が土・日・祝日の場合は、その翌日が期限になります

決算

Point

- いつ、どんな税金を申告するのか、いくら納付するのか知っておく。
- 資金繰りを考えるときにも、納税スケジュールは欠かせない。
- 決算日によって、納税日が異なる税金も多い。

月＼税	源泉所得税、個人住民税	固定資産税 ※東京都23区の場合。市区町村によって納期が異なる。	消費税 ※前期の消費税額が48万円超〜400万円以下の場合。
4月		通知：固定資産税額	
5月	通知：住民税額 （特別徴収分）		□消費税の確定申告・納付 （31日まで）
6月	毎月やること ■源泉所得税の納付 （毎月10日まで） ■個人住民税（特別徴収分）の納付 （毎月10日まで） ※納期の特例を受けると、半年分をまとめて納付できる。 源泉所得税は7月、1月（各10日まで）。 個人住民税（特別徴収分）は6月、12月（各10日まで）。	□固定資産税の納付 （第1期分）	
7月			
8月			
9月		□固定資産税の納付 （第2期分）	
10月			
11月			□消費税の中間申告・納付 （31日まで）
12月	□給与所得の 年末調整	□固定資産税の納付 （第3期分）	
1月	□源泉徴収票、支払調書、給与支払報告書を作成・提出	□償却資産税の申告 （31日まで）	
2月		□固定資産税の納付 （第4期分）	
3月			

Case_01

消費税の課税事業者になったほうが得する人もいると聞いたけど……

消費税の免税事業者の条件にあてはまる会社でも、課税事業者になったほうが得するケースがあるとか。本当ですか？

疑問や不安を解決！

ケーススタディ　経営マネジメント編

 課税事業者　消費税を納める義務がある。

 免税事業者　消費税を納める義務が免除されている。

 届出をして、自主的に課税事業者を選ぶことは可能。

免税されているのに、わざわざ課税を選ぶ会社はないよね？

そうでもありません。課税事業者を選択すると、払いすぎた税金が戻ってくるケースもあるのです。

たとえば　□輸出専門の事業で、預かる消費税がほぼない
　　　　　□多額の不動産購入や、設備投資をした　など

ただし、免税事業者が課税事業者を選択した場合、適用から2年間は免税事業者に戻ることができない。翌年、翌々年の売上高などまで見通して、よく検討する。

Answer
課税事業者を選択したほうが得するケースもあります

預かった消費税より、支払った消費税のほうが多かった場合は、課税事業者を選択していると差額を還付してもらえます。免税か課税か、選択の余地があるなら、どちらがいいのか専門家などに相談してみましょう。

課税か免税かはどう決まる？

大まかには「定められた期間の課税売上高が1000万円以下」の事業者が免税事業者となる（下記、1番上のポイント）。が、下の通り判断基準は多数あるため、1つの基準だけで免税事業者とは判断できない。法改正も多いため、最新情報に基づいて専門家にチェックしてもらうと安心。

☐ 基準期間※の課税売上高が1000万円を超えているか？

☐ 「消費税課税事業者選択届」を出しているか？

☐ 事業年度開始の日の資本金額が1000万円以上であるか？

☐ 特定期間※の課税売上高が1000万円を超えているか？

☐ 特定期間※の給与支払額が1000万円を超えているか？

☐ 相続・合併・分割等の納税義務の免除の特例により課税事業者となるか？

☐ 特定新設法人の納税義務の免除の特例により課税事業者となるか？

など

※基準期間とは、原則として、法人はその事業年度の前々事業年度を指す。

※特定期間とは、原則として、法人はその事業年度の前事業年度開始の日以後6ヵ月の期間を指す（前事業年度が1年でない場合などは、上記と異なる）。

Case_02
売掛金をなかなか回収できないときはどうしたらいい？

金額や支払日を明記した請求書を送りましたが、期日になっても入金されません。電話やメールで催促していますが、「もう少し待って」の一点張りで……。

Answer
督促して回収を急ぎましょう。危ないと思ったら取引を見直します

催促するのは気が引けるなどといって支払いの遅延を見逃していると、最悪、相手先の倒産などで回収できなくなることも。回収に努める一方、取引を続けられる相手かどうか信用調査も行います。

❶ 督促状などを出し、早期回収に努める

督促を繰り返しても未払いが続く場合は、商品の引き渡しを停止して、さらなる売掛金の増加を防ぐ。取引先に出向いて状況確認し、契約解除のうえ商品を引き揚げることも。

❷ ほかにも危ない兆候がないかチェック！

未払いの理由があいまい、経理担当者が頻繁に交替する、経営者が不在がちになった、退職者が多い、などの様子が見られる会社は、倒産などの危険性も。

❸ 取引を見直す。法的手段に出ることも

連鎖倒産を防ぐためにも、支払条件の変更、取引額の減額、取引停止などを行う一方、弁護士や裁判所を利用した債権回収の方法も検討する。

Case_03
税務調査が入ることになりました。何を調べられるのか怖いです

はじめて、税務署から調査にくる連絡がありました。所得隠しや脱税などはしていないはずですが、何か責められたりするのでしょうか……

Answer
税務が適切か確認するのが目的。冷静に正直に対応しましょう

税務調査は、申告内容が正しいかどうかを確認して、適切な税務を指導したり、誤りの是正を求めるもの。不必要に恐れず、帳簿を見直すチャンスと考えましょう。

一般的な税務調査の流れ

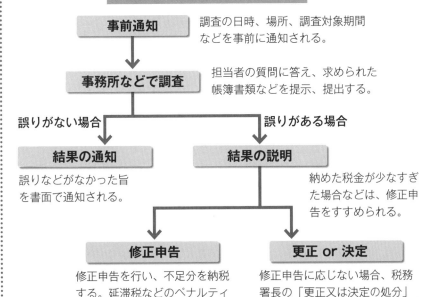

事前通知 → 調査の日時、場所、調査対象期間などを事前に通知される。

事務所などで調査 → 担当者の質問に答え、求められた帳簿書類などを提示、提出する。

誤りがない場合 → **結果の通知**：誤りなどがなかった旨を書面で通知される。

誤りがある場合 → **結果の説明**：納めた税金が少なすぎた場合などは、修正申告をすすめられる。

修正申告：修正申告を行い、不足分を納税する。延滞税などのペナルティが課される場合もある。

更正 or 決定：修正申告に応じない場合、税務署長の「更正又は決定の処分」により通知書が送られる。

課題に適した専門家に相談する

外部の専門家を上手に活用することで、より事業に専念することができる。信頼のおける専門家を探すには、相手の専門分野を調べ、直接会って話して相性などを確認することが大切。依頼内容や範囲によって報酬も変わる。費用との兼ね合いを考えて相談するといい。

会社の設立、登記の手続きなど
➡ 司法書士

各種許認可の手続きなど
➡ 行政書士

税務関連全般、経理指導など
➡ 税理士

法律関連全般、契約書類の確認など
➡ 弁護士

社会保険、労働保険の適用手続きなど
➡ 社会保険労務士

中小企業の経営支援など
➡ 中小企業診断士

参考資料 『オールカラー 一番わかる会社設立と運営のしかた』中野裕哲(西東社)／『成功する 株式会社の設立手続きと運営がわかる本』愛知吉隆、増田将信監修(成美堂出版)／『税理士が知っておきたい 創業支援50のポイント』東京税理士会 中小企業支援対策委員会編(一般財団法人 大蔵財務協会)／(左ページへ)

起業・経営のおすすめサイト＆相談窓口

J-Net21
http://j-net21.smrj.go.jp/index.html

ミラサポ
https://www.mirasapo.jp/

ドリームゲート
http://www.dreamgate.gr.jp/

各行政機関等が運営する起業や経営支援のポータルサイト。公的機関の支援情報、事業計画書などの作成支援、経営事例集などが豊富。

中小企業庁：都道府県等中小企業支援センター
http://www.chusho.meti.go.jp/soudan/todou_sien.html

都道府県各地にある中小企業支援機関。

全国商工会連合会／日本商工会議所
http://www.shokokai.or.jp/
http://www.jcci.or.jp/

組織運営面などに違いはあるが、どちらも中小企業の経営相談や運営サポートを行う公的団体。

（右ページより）『ダンゼン得する 知りたいことがパッとわかる 起業と会社経営の実務がよくわかる本』古田真由美、平真理共著(ソーテック社) ／『知識ゼロからの株式会社の作り方』伊藤友美、今村正共著(幻冬舎) ／『はじめての会社設立＆運営 起業から最初の決算までを乗り切る!』税理士法人 元(GEN)監修(大泉書店)

税理士法人　アディーレ会計事務所

東京税理士会所属。
「経営者の信頼できるパートナー」をモットーに、経営者と同じ目線の高さで経営支援を行う、会社設立・資金調達に強い会計事務所として、起業家や中小企業経営者のサポートに日々尽力している。

弁護士法人　アディーレ法律事務所

東京弁護士会所属。
「弁護士をより身近な存在に」という理念の下、債務整理・交通事故の被害・夫婦問題・刑事事件・労働トラブル・B型肝炎の給付金請求など個人の法律相談への対応や、企業法務に関する経営者へのサポートを行っている。

```
装幀       石川直美（カメガイ デザイン オフィス）
イラスト・漫画   すぎやまえみこ
本文デザイン   バラスタジオ（高橋秀明）
校正       寺尾徳子
         今井美穂
編集協力    佐藤道子
         オフィス201（高野恵子）
編集       鈴木恵美（幻冬舎）
```

知識ゼロからの小さな会社の始め方

2017年3月10日　第1刷発行
2019年4月10日　第2刷発行

```
著　者  税理士法人 アディーレ会計事務所　弁護士法人 アディーレ法律事務所
発行人  見城　徹
編集人  福島広司
発行所  株式会社 幻冬舎
       〒151-0051　東京都渋谷区千駄ヶ谷4-9-7
       電話　03-5411-6211（編集）　03-5411-6222（営業）
       振替　00120-8-767643
印刷・製本所　近代美術株式会社
```

検印廃止

万一、落丁乱丁のある場合は送料小社負担でお取替致します。小社宛にお送り下さい。
本書の一部あるいは全部を無断で複写複製することは、法律で認められた場合を除き、著作権の侵害となります。
定価はカバーに表示してあります。
ⓒAdire Accounting Firm, Adire Legal Professional Corporation, GENTOSHA 2017
ISBN978-4-344-90323-4 C2034
Printed in Japan
幻冬舎ホームページアドレス　http://www.gentosha.co.jp/
この本に関するご意見・ご感想をメールでお寄せいただく場合は、comment@gentosha.co.jp まで。